100年使える住宅への提言

RENOVATION

リノベーション

平岡一二
HIRAOKA KATSUJI

文芸社

はじめに

マイホーム――この言葉、最近あまり聞かれなくなりました。今の人は自分達の家はあまり欲しくはないのかなと、少し気になります。住宅に少し関心を持って頂き、貴方の住まい、「人生に輝きを求めてマイホーム」を手にしてみませんか?

マイホームは、新築住宅のことばかりではありません。貴方の使用する住まいのことです。考え方次第で、マイホームは思ったより簡単に手に入ります。それも、貴方の思いを取り入れた、今までにない素晴らしい住まいです。

今、貴方は「嘘を言うな」と思っているでしょう。嘘ではないのです。

今、日本では住宅が余っています。多くの人が家を売りたいと思っています。古くなった家を売って新しい家を買いたいと思っている人もいますし、人口減少により使われなくなった家も沢山あります。

住み慣れた家を捨て、何故新しい家が欲しいのか。古くても住み慣れた現在の家がよいのでは? と思います。新しい家が欲しいと思うのは、今の家が満足できないからなのではありませんか？　だから今のままでは貴方も嫌なのでしょう。でもそんな家は、貴方が嫌なら誰もが嫌ですよ。

三十年前に建てた家でしょう。大分古いですよ。でも、構造体はしっかりしていますね。実際はもっと現代的な新しい住宅に住みたいのでしょう。けれど、家は新しければ満足できるわけではありません。満足できるような住まいでなければマイホームとは言えないし、彼方此方探しても自分の意に適った家は簡単には見付かりません。見付かっても、新築では値段が高くて、諦めの方が先にたってしまうでしょう。

私は「新しい家」とは言っていません。「貴方の納得のいく素晴らしい家」と言っているのです。それは、今の家または中古住宅を〝リノベーション〟して、まったく新しい感覚の住まいに改革するということです。

今、アメリカでは住宅が売れています。一年間で五百万余戸の住宅流通数は、主に中古住宅であり、その数は新築住宅を含めた総数の九割近くを占めると言われています。値段にしても、百年経った家も新築の家も大きな差はありません、何故かおわかりですよね。

住まいの良さは、その内容の価値観にあります。自分と相性の合う住み心地にあります。しかし、今造られている新しい家に、あまり良いものはありません。設計する者が、百年先を見据えた本来のプランを考えていないからです。「今、売れればいい」だけの、消費財……。

現在の日本で造られている住宅は、百年先のその家の価値を考えた性能重視の高性能住宅ではなく、冬の寒さや夏の暑さから住人を守る能力、性能を持っていません。しかし、ただ目新しさを強調した、デザインだけの売り込み住宅は直に飽きられます。築十年も経てば、それが何となくわかります。しかし、その家は何十年か後には商品になるということも、本来は考えておかねばならないのです。

安易な新築ではなく、貴方が自分で古い家を見付けて安く手に入れるのです。売り手はその家の解体費、処分費を考えれば、価額をさらに値引きすることも考えているでしょう。

そして、中古住宅をリノベーションで大改革。新築住宅よりも耐久性のある中古住宅にするのです。購入費+リノベーション工事費で、改修後は百年余の耐久性を持つ納得のいく家づくりを楽しみながら、長い期間お使いになり、時が来たらリフォームして売り出す。取得経費差し引き売値の差額は、長い期間の利用価値を計算をすれば、ランニング・コストと耐久性で意外と安い住宅費となります。

ご自分の生涯をこの世界で大切に生きるための住宅取得には、考えようによっては今がチャンスかも知れません。それを本書の中で考えて頂けたらと思います。貴方の人生に幸いをもたらすことができれば、と夢見ています。

著者

リノベーション◆目次

第2章　住まいの改修計画と施工管理

第3章 改修工事着手

第4章 住まいの取り巻きと近隣環境

第1章

貴方の住まいを百年使える住宅に

1 連れ合いと同じくらい住宅は大切

私達は、ゆとりある納得のいく人生を送れているだろうか。

私の人生は私のもので、他の誰のものでもない。豊かな生き甲斐をしっかり掴んで生きることは、自分の責任にあると言えよう。

愛することのできる連れ合いと、我が住居が、その中で重要な要素を持っている。

私達の生活安全、やすらぎの確保は、人生の大半を過ごす自分の家にいる時間、心から安心のできる住まいそのものにある。

自分と家族を守る住宅は、地震、風水害、火災等、予期できぬ全ての自然災害や事故から身を守ることのできる、安心を備えた住宅でなくてはならない。自然の脅威である地震や台風が来ても、我が家は大丈夫という安心度を確保したい。

そして、心の豊かさの大半は住宅にある。安心の元に落ち着ける住まいは、衣食住と共に満ち足りたゆとりの環境にある。

住宅が、そこに住む人の身を自然災害から守るという使命において、耐力、耐久性と共に、屋内生活環境の維持も何より大切である。

また、現代生活環境は、冷暖房による環境維持にある。環境維持のためのランニング・コストには大切な問題が絡んでくる。リノベーション、改善計画、リフォーム改修計画には、この問題を含めて解決を図ることが大切である。

2 縄文時代の竪穴式住居と現在の住宅

大変古い話を持ち出す。戦後、昭和の時代までの住宅と、縄文時代の住まいの優劣を考えてみると、どちらに軍配を挙げるか迷う。

縄文時代の竪穴式住居は、内部の広さはないが、それでも寒暖に対する生活環境は悪くなかったのではないかと推測する。

水捌けの良い土地に建てられ、木の骨組みの外側を葦や茅等で葺き、地面より少し掘り下げた溝を造り、雨水が入り込まないようにした土間に、直に手編みの筵等を敷いただけという構造は、自然界の持つ地熱の温度を活かしている。地面に直に触れた床温度は四季を通して10～13℃は確保でき、さらに日常生活の中から生まれる熱で温められるので、冬場も意外と暖かかったのではないだろうか。

葦や茅等で葺かれた屋根と壁の断熱効果も高く、小さな出入り口は動物の皮等でしっかり張れば、屋内の暖気は逃げにくい。煮炊きの竈を兼ねた焚き火の熱で、寒さは感じない。焚火は灯火も兼ねている。その火を眺めながらの屋内生活の雰囲気には、家族間の温かい交流が感じられる。

夏は、逆に地熱が13℃の冷気となって、室内を冷やしてくれる。縄文時代の住宅に生きた人達の方が、自然に溶け込んだ環境の良い生活を楽しんでいたのかも知れないと想像する。

私達は、つい最近まで冷暖房のない住まいで、気温はマイナスに近い冬の夜を過ごし、夏の暑さに吐息をついていた。真冬、前の晩のお茶の飲み残しが、朝には凍っていたという話もよく聞いた。

現代に生きる私達の住まいのあり方について、昔の人の生活を笑えない。

3 西洋住宅と日本住宅における基本的目的の違い

我が国古来の日本住宅を振り返ると、現在の私達の住宅は、江戸時代の住宅と大きな違いはないような感じがする。

日本は地球上に存在する位置により、高温多湿性の海洋国である。夏は東南アジア諸国の40℃余の高気温より耐え難く、気温30℃を少し過ぎた程度でも湿度が高いために汗にまみれ、蒸し風呂のような耐え難き暑さに苦しみ、一吹きのさわやかな風を求める。

古代(800年代)の木造建築例
(秋田県払田柵の復元)

湿度の高い蒸し暑さが大変凌ぎにくい日本の家づくりは、夏を過ごしやすくするために、開放通気型の風通しの良い家づくりとなっている。しかし、厳冬期は風通しが良い分だけ寒さが厳しく、屋内においてもマイナス室温の中で我慢の生活環境となっている。

その昔、平安時代の絵巻の中の、女性の十二単の衣装を見てもわかる通り、寒さゆえに日常の身体の動きも、軽やかな活動もできにくい。常に寝具の中に包まったような姿は活動的とは言えず、精神的にも肉体的にも不養生な生活となっていただろう。

一方、北欧や先進諸外国の多くの地域は、外気の湿度が低く、冬季の寒さも厳しいものがある。マイナス40℃余の世界の住宅は、冬の寒さに耐え得ることに重点を置いた造りとなっている。

欧米の住まいは、入り口や窓等の開口部が、日本住宅のように開放的ではなく、全体的には開口部が少ない。それは厳冬期の厳しい寒さ対策が重視されていたからだと考えられる。屋内の、高い経費のかかった暖められた室温を逃さぬために、全体的に開口部が少ないのである。

開口部が少ないと屋内が暗いのではないかと思うのは、誰しも頭に浮かぶことだ。しかし、現実には如何か——。北欧の住宅の中に入ってみると、思いの外、照度は高く感じる。逆に、開口部だらけの和風住宅は、冷たい暗さを感じる箇所が多い。それは生態の自然的感覚である。外の強い明るさが人の眼の瞳孔を絞るため、開口部の多い和風住宅は感覚的に屋内が暗く映るのである。開口部の少ない欧米住宅の内部がそれほど暗さを感じないのは、自然と身体が適応しているからである。

欧米の住宅も、戦後に入ると屋内冷暖房設備が大きく発展してきた。住居生活を重視する欧米人の現在の屋内は、外気温度に左右されることなく、常に適正な室温を保ち、不自由のない環境で生活できるようになっている。時代の変化に合わせた世界の家づくりは、日本住宅とは大きく違い、湿度と温度のバランスが取れているのである。

再び、我が日本の住まいづくりを見てみよう。平安時代の夏季の通風重視型住宅から、江戸時代の数寄屋造りに至って、雨戸の取り付けは大進歩であった。それ以来、日本の住宅は大きく変わることなく、「冬が寒いのは仕方がない」と、何の抵抗もなく受け入れてきた。

戦後の住宅も、基本的な考えは大きくは変わらなかった。戦後の復興を目指す日本住宅は、生活の力を取り戻し、欧米風住宅に見習い、風通しの良い家から、見た目だけの洋風化、間もなくアルミサッシュにモルタル塗りの粗悪な密閉型住宅の全盛時代に入った。

欧米ではアルミサッシュは一時しか流行らず、断熱性の高い木製サッシュと塩ビサッシュに代わっていった。アルミは金属類の中でも金、銅と共に、特に熱の伝導率が高いため、室内環境保護、地球温暖化対策として使用を制限されていったのである。

それでも我が国の住宅は、戦後の長い期間から現在においてもアルミサッシュは変わらず使用されており、古来の日本住宅の通気開放型から、何の疑問も抱かずに欧米風密閉型に移行した結果に大問題をもたらした。

それは、結露の発生という問題である。戦後の木造住宅は、結露により建物全てが湿気に覆われ、持続寿命が至って短い住まいとなった。また健康管理を重視する欧米では、屋内湿度が50％を超えるとカビと家ダニの発生に繋がり、湿疹や喘息の原因となるため湿度管理には気を遣うのに、日本では加湿器を使うという話をすると、日本の国は特別湿度が高い国土なのに、何故不健康な湿度を必要とするのかと首を捻られる。

日本の昔の家は二百年余持ったが、戦後の家はすぐに腐って長持ちしない。実際に新築後十年も経つと、日の当たらない北側の土台は傷み、二十年で廃屋化して修復が必要になる。「木材の質が落ちたからだ」と一般の住宅利用者は言うが、国産の木材の質が落ちたわけではない、利用の仕法が悪かっただけである。

第二次世界大戦以前の日本の家は開放型。自然通気が良いために木材が腐食しにくかった。自然通気が木材の水分を除去し、腐食を防ぎ、シロアリ等の虫害も防いでいた。通気、通風によって壁内の湿度上昇を防ぎ、外気温度と室温の差が少なく、結露等の発生も少なかった。その分、冬の厳しい寒さに対する対応策として、囲炉裏の焚火や炬燵、あんか、湯たんぽ、そして厚い布団を重ねて寒さを凌ぎ、家族が身体を寄せ合って暮らしていた。そのように、冬を過ごすには知恵と忍耐が必要だった。

一部の建築関係学者は、日本の文化財的社寺建築様式の建物を見て、日本木造建築の実績を自賛しているが、彼らは住宅と社寺建築物とは利用目的が違うことを知らないのだろうか。

概ね、国内に文化財として残っている社寺建築物は、軒が5メートル以上も長く出て、雨水等の飛沫も建物にかからず本体は濡れない。室内温度は自然外気温そのままであるため、温度差による結露もない。自然通気型の社寺建築、法隆寺等が千三百年以上もの寿命を誇れるその原因も知らずに、ただそれを見て住宅建築に同じ考えを取り入れた。

木材の水分を避けた耐候性を、法隆寺は充分に表している。しかし、それを見て日本建築は優れていると思った無知識が、昔のまま変わらず、住まいに対する旧態依然とした解釈の考えで、ただ見様見真似で欧米型の密閉型住宅を取り入れていった。

社寺建築と住宅は使用目的が違う。社寺建築に結露がないのは、前述のように、冬季の屋内と屋外に大きな温度差がないからだ。戦後の住宅は、安易な密閉型によって結露による腐食が進む。戦後の住宅は、諸外国の建物の外観を真似ただけで、その土地と我が国の風土や気象の違いも考えずに、通気型から密閉型に変えた。雨の多い日本に庇のない建物を、先生と言われる人が設計しているのである。

アルミサッシュにモルタル仕上げやサイディング張りは、気密性を上げはした。しかし、断熱性は考えになく昔のまま。そのために起こり得る結露現象が、見えない壁の内部で発生し、結露の水滴で、壁内の木材は腐食浸食を起こす。特に土台等下部の木材が、結露による水滴が流れとなって下がり、土台部分の木材は常に水分を含み、腐食の進行と共にシロアリ等の格好の棲家となり、さらに浸食を促す。

先進諸国の木造建築は、今はツーバイフォー工法（枠組壁工法）が主だ。安全性重視の国際規格による世界共通の工法である。その歴史は三百五十年ほど前のイギリスから始まり、当初は石造りやレンガ造りが多かった密閉型建築の伝統を持つ住宅で、その技術は北米開拓民によってアメリカに渡り、アメリカ、カナダ、北欧等先進国では、木造化に改善を重ねて数百年の実績を持っている。

日本では、北海道札幌の時計台を始め、大阪、長崎等に見られる歴史ある日本の近代建築に活用されており、文化財としての指定を受けている多くの建物が、このツーバイフォー工法の原型工法として現存している。

　私の住む日光市内にも、その変革が見られる。現在、特に問題となっているアルミサッシュの結露の問題に対して、古い時代の木製サッシュの面影が市内の各所に残っている。日光金谷ホテル、石造りの明治の館、真光教会、ＪＲ日光駅、そして現在も役所として使われている旧日光市役所等には、木製サッシュが百年を超えて健全に利用されている。

　現実として、我が国の建築業界は、今でもアルミサッシュを掛け替えのないものと思っているが、この日本の木造建築技術の性能に対する進歩の遅れは、早く取り戻さなければならない。このままだと日本は木造建築の旧い技法から抜け出せぬまま、国民に大変不利益な住居を押し付けていくことになる。

4 日本の住宅にかつて求められたもの、今求められているもの

日本古来の住宅の姿を見れば、土台の上に柱が立ち、床が載り、屋根を支える。外壁や間仕切り壁は少ない。その少ない耐力壁、壁耐力面の不足により、耐震性を失っている。その上、部屋の中を明るくしたいからと、不足している壁面に広い戸障子の仕切りでは、さらに安全は確保できない。

和風住宅は、湿度の高い日本の夏を凌ぐための、通気性を重視した日本国土スタイルである。夏向きの家は、当然夏の暑さには向いているが、冬季の寒さには耐えかねる。この冬季の寒気に対する我慢によって、日本人の意識しない忍耐力が育まれていったのかも知れない。

江戸時代の武家屋敷や茶室等に、日本の美的文化が潜んでいるのは確かである。し

かし今となっては、文化財的価値はあっても、現実にはこのままでは現代の住まいとして求められていない。

昭和、平成は住宅文化の改革期となっている。新しい時代に沿った現代住宅に、日本の伝統的文化をどのような形で表していくかは、日本の家づくりに対する貴方の感覚と知性にかかっている。

日本住宅と言えば、障子に畳。畳の持つ感触は何とも言えない親しみを感じるが、高齢化時代を迎えると大変だ。毎日の布団の上げ下げと収納、その度に掃除、座卓や炬燵の設置。座布団で座る食卓は、食事時に主婦がセッティングのための立ち居が苦痛になる。

畳床は布団の敷きっぱなしは畳が蒸れて傷む。毎年の大掃除での畳干しは一番の大仕事。歳を取っては儘ならなくなる。何年かごとに畳の表替え、障子の張り替え等、直に数十万円はかかる。

リノベーションによる高断熱化、バリアフリー化による歩行障害の除去。ベッド機材、椅子、テーブル、キッチンセット、シャワー付き洋便器、ユニットバス等による身体に負担のかからない住宅改革は、いつかは求められる。それなら元気な内に早めに施工して、一時でも住居生活を楽しんだ方がよい。

5 住宅の安全性はランニング・コストの中にある

「耐震、耐久性は木造だからできる」と言っても誰も信じない。

カナダのバンクーバー市には、木造七階建ての大型デパートがある。今から三十年前で百年余は経っていた。また、アメリカ、シアトルの近郊にあるタコマドームも木造で、モータースポーツ競技やコンサートなどに使われている。

二十年程前のことだと思うが、スイスの高周波研究所の木造建築円形ドームをドイツ企業が建設していた。直径140メートルのドームの構造材は間伐集成材だ。円形ドームの建物の中には、30トン吊のクレーンが取り付けられていた。

日本は国内資源の乏しい国だが、数少ない木材資源国である。木材資源は充分確保できるのに、木材に関する認識は薄い。その原因は、日本の建築業界の科学的な視野の狭さにあるとも言える。「先生」と言われる現場をよく知らない建築技能者によって、大切な木材資源を活かすことなく、木造建築基準が決められている。

今、世界の先進諸国の木造住宅は、先に述べた通りツーバイフォー工法住宅である。住宅に同じ高性能を求めるなら、ツーバイフォー工法の方が、施工価格は絶対的に安くできる。阪神・淡路大震災で、ツーバイフォー工法で建築された住宅に被害がほとんどなかったことが、その性能を証明した。住宅の損害保険の掛け金も、ツーバイフォー工法の住宅であれば、保険会社にもよるが、保険料は一般住宅の四割余程度で済む。これらも国民が求めるランニング・コストの内だ。これから百年先まで、その建物の存在する限り毎年かかるコストである。

日本は、木材の利用法に世界から大きく遅れを取っている。林業業界の無知と、産業化に対する低い理念が、日本の多くの大切な大地の資源、木材の価値とその良さを知らないままに無価値なものにしているのである。

木材は、断熱性に優れている。木材という熱伝導率の低い素材は、昔から多種にわたって活用されていた。家庭生活においては、鍋や釜の蓋、火鏝や火鋏、十能の柄に使う等、昔から木材の断熱性能を活用してきた。木材は物質としては数少ない断熱性を持っている資材だ。その良き材料を活かさず、付属する建築資材と断熱施工の知的能力不足の結果が今の日本住宅だ。その点ツーバイフォー工法住宅は、日本住宅の近代化に繋がる。

木造建築の大敵、住まいに発生する結露を防ぐには、木材の骨組みに経年変化のない断熱性が望まれる。

問題となるのは開口部のサッシュ。住宅の屋内外の熱の還流が一番激しいのはガラス窓である。我が国でサッシュとして使われているアルミは、熱の伝導率が同じ金属の鉄の五倍近い。熱の伝導率が高いと、冬の屋内の暖気は外に逃げやすく、夏の屋外の暖気はサッシュの金属部分を通して屋内に入りやすくなる。そのため、前述の通り欧米諸国ではアルミサッシュの使用を温暖化対策として禁じている。

この度の日本ではCO_2地球温暖化対策として、世界諸国から26％を超える削減を求められている。住宅の性能改革で大きな削減対策になる。

ここに参考として、熱の伝導率について目安程度の数字を載せてみる。熱伝導率・熱抵抗値とする。木材を一とした場合、コンクリートは十二倍、鉄は五百五十倍、アルミ、銅、金は千七百倍。グラスウール10キロは〇・〇二八倍、塩ビ樹脂は三倍の熱伝導率と言われている。石油系気泡断熱材については別項で述べるが、新しいセルロースファイバーは水に弱いと思われ、結露による水分を含むと熱の伝導が促進する。

窓ガラスは、当然ペアガラス。合わせガラスの中間の乾燥空気層（ガス入りもある）は最低10ミリ以上のもの。今の日本のアルミサッシュのペアガラスの空気層は6ミリ程度だが、それでもペアガラスの効果はよい。

行政官庁による省エネ住宅の指導要綱では、アルミサッシュを二重に取り付けてもペアガラスと同等の効果があるとされていて、日本ではアルミサッシュを二重に取り付けることを省エネ住宅として認めている。もちろん一重のサッシュよりは効果は高いと思うが、大変高いお金がかかるわりに、現実にはあまり効果がない。外国製の木製サッシュや塩ビサッシュのペアガラスの方が、断然、断熱効果がある。

日本の専門家は概ね、商品の価値を、単純な考え、自分の想定で決める傾向がある。

アルミサッシュに対しても、二重にすれば断熱効果は倍になるだろうという、大変に単純な考えだ。

二重にアルミサッシュを付けても、取り付け合わせた間隔（サッシュとサッシュの間）が6センチ以上になれば、断熱効果はないに等しい。サッシュ間の空間が6センチ以上あると、その空間内の空気に、暖冷によって対流が発生し、その空気の流れにより上下に熱が移動してしまうのだ。二重サッシュの空間内の屋内側は室内温度により温められて、空気層は上昇していく。一方、屋外側は外気の冷気により表面が冷えて空気は重くなり、下に下がる。そのため、二重サッシュの空間内で対流による空気の移動が起き、熱の伝導を引き起こし、従って断熱効果が落ちるのである。

ペアガラス入り木製サッシュ

現実には、二重のアルミサッシュは大きな効果はなく、保温断熱化工事にはならない。二重のアルミサッシュやアルミ製の雨戸等は、費用だけが大きくかかり、その効果は薄い。日常の朝晩の開口部の開閉の手間も二重三重にかかり、高齢化社会には不向きな傾向だ。単品のペアガラス入り木製、または欧米系の塩ビ製サッシュの性能とは比べ物にならない。行政は一方的な業界の説明に、常に疑いを持って判断すべきだ。

開口部以外に大切なのが、床下、壁、天井の断熱工事だ。

これからの住宅づくりは、建物の耐久性と耐力、そして長い年月の経済性を考えれば、断熱工事は絶対に手を抜いてはならない。それは、その住宅にとって一番大切な、建物のランニング・コストと居住性を第一に考えれば、断熱工事の手を抜くことは、大切な耐久性と価値観を失うからだ。

ランニング・コストは、これからの長い年月を考え、その家をのちに他の人が使用することも念頭に置けば、その家の価値に繋がる。また、冷暖房費、住宅損害保険料、屋内生活費等、この家が存在する限り、生活のコスト・ダウンに繋がる。そして、素晴らしい住生活環境が望めると共に、「百年住宅」が夢でなくなるのである。

6 住宅建築物は「不動産」という財産

土地は不動産だが、住宅も不動財産であると思っている人は日本人には少ない。しかし欧米人は、住宅を大きな財産と考えている。その考え方の違いを述べてみよう。

欧米人は常に、「今住んでいる住宅は商品である」と思っている。また住宅の財産価値も、「古くなると価値がなくなる」とは思っていない。欧米の木造住宅は二百年、三百年と使えるものと見ている。

現にアメリカ等では、中古住宅の販売価額は、リフォーム次第で新築住宅と変わらない。基本的建築方法が、部屋の仕切りの変更、模様替えができて、時を経てもその時代の住生活に合わせてリノベーションができることを大切にしているのである。プラン変更が比較的安易にでき、また、耐力壁等の補強強化も施工しながら考えられる。

昭和四十七年に、私がアメリカに住宅研修団として、当時の建設省時代にサンフランシスコ市に行った時、金門橋がよく見える所で見学した建築現場では、なんと、既存の二階建て住宅を三階建てにしていた。それも、その建物に人が住んだままの工事だった。

三階建ての一階の耐力壁構造は、二階建ての一階よりも、強度がより高く求められるので、私達の考えなら建て替えとなる。しかしその現場は、既存の二階家を高く上げて、その下に三階建ての一階の構造体を造り、その上に既存の二階建て建物を乗せる工法だった。

理想の増築だが、大変な施工法だと思った。既存住宅には家族が住んだままであり、普段の生活が続けられている。その現場の状態は、水道管や下水管が垂れ下がったパイプで下に繋がり、家の出入り口には梯子が掛かっていた。

ここまでして古い住宅を大切に残そうとするアメリカン魂を垣間見た感じだった。と同時に、ツーバイフォー工法の利点を確認した。

ツーバイフォー住宅は、リノベーションを念頭に開発された、システムが変更可能な工法と言われているが、必ずしもそれが全てではない。

リノベーションによる改造計画は、新しいデザイン、その時代に合わせた流行に新しい住宅としてリニューアルができるが、当然、施工業者の能力もあり、その改修により新しき時代的感覚が求められる。

アメリカの住宅の流通は、九割近くが中古住宅だと言われている。一方、我が国は如何か。

日本の木造住宅は二十年経つと価値がなくなり、銀行の評価価値はゼロ、解体廃棄となり、産業廃棄物を増やしながら建て替える家が多くなる。大切な住宅の所有者自身も財産だとは感じていない。高い住宅解体費をかけて、親しんだ我が家の建て替えを選択するか、土地を更地化して販売をして、大きな損失を招いている。

日本の在来木造住宅は、木造軸組み工法とも言われている。特に二階建て以上の家屋は通し柱が求められ、構造の変更が難しいと言われている。マイホームの自由性を持った改革は大変難しいが、大きくリフォームする場合、耐力補強等の安全基準に合わせた施工があるのに、まだ傷んでない健全な住宅の建て替えに結びついている。

これは、国の資源の無駄遣いと、産業廃棄物の増大を招くだけであるのに、施主は生活資金を削っても住宅の建て替えを求めていく。

今現在、日本の空き家住宅は八百万戸を超えていると言われている。一戸当たりの中古住宅の総額は、土地代を含めると平均一千万円として、合計八十兆円のお金になる。この資産が解体費を含めると、百兆円の廃棄物になる。国としても、中古住宅のリフォームによる資産価値確保は、重要な検討課題だ。

在来木造住宅の中でも数の多い、日本古来の木造建築は、設計者自身がリノベーションや改修リニューアル等は考えていない。その起源はどの辺りにあったのか——驚くなかれ、東京が江戸と呼ばれた時代には、平均二、三年に一度は大火があり、家はせいぜい十年持てばよいと言われて、多くの長屋等は掘っ立てで建てられていた。「江戸の華」と言われた火災や地震に弱い、そのような環境が和風住宅の起源である。

その点、洋風木造建築、外国では一般木造建築であるツーバイフォー工法建築は、地震、火災に強く、リフォーム等により常に耐久性を保ち、日本でも公的に認められて、その価値は失わず住宅損害保険料が普通の住宅の半分以下と安くなっているのが現実を語っている。

ツーバイフォー工法は改造修復が至って簡単で、適正な価格でリニューアルができるため、欧米では中古住宅市場の重要な商品となっているのである。

貴方の持つ「不動産」と言われる財産に価値観を持たせるためには、それなりの技能・能力を持つ信用のできる専門家にアドバイスを求め、将来への価値ある住まいとするべきである。

7 住宅は建物の持つ価値を失ってはならない

貴方の持つ建築物（住宅）は、高額の商品である。その商品価値を失ってはならない。建物は、建てた時から常に補修、リフォームを考えておかねばならない。常に手入れを怠ることなく、住まいの商品価値を保ち、売却時には高く売らねばならない。古い住宅を買い入れる時は、その家を気に入るようにリノベーション改造して使用し、後は売る時の高値を考えねばならない。資産価値があるということは、誰でも欲しがる住宅であり、自分にとっても価値ある住宅であるからだ。

誰から見ても「この家に住んでみたい」と思えるプランニング、使用部材の価値観、建物が持つ住む人への優しさ等が、住まいの価値観を生み出すのである。

外国では、その家の持つあらゆる歴史――創立者、リフォーム者の名、建設年代、居住家族の生の佇まい、使用された家具と建材、床材等の張り替えや傷の歴史等と共に、この家を訪れた知名人の記録等も、その家の財産の一部となっている。

アメリカでは、家を手放す家主が購入希望者の見学を迎える際に、「この家は西暦〇〇〇〇年に建てられ、長い風雪を耐えてこんなに立派なのよ。良い家でしょう」というような言葉がよく聞かれる。

私がシアトルの高級住宅街を見学した時は、地域の住宅のほとんどが築百年を超えていたが、それでいて、その家並みに古さは感じなかった。その地域に住んでいる人に聞くと、「新しい家のデザインは、リノベーションによりここで生まれて、各地で活かされている」と自慢していた。

日本の住宅は、古いと安く見られる。銀行等の建物査定は、二十年を超えると評価しない。アメリカでは、百年前の家となると、その健全さを自慢する。家の価値の見方、価値観の違いは何故なのか。

不動産と言われる建物の価値は、その家に住む人が生み出し、作り出しているものなのである。

8 リノベーションで価値ある住宅、価値ある人生に

「この家は、既に百年も経っているのよ。最初の建設の日と改修の日が記録されているでしょう」

前述のように、このような話が、欧米人の住宅売買の会話である。

住宅は手入れ次第で百年、二百年と使えるのである。日本人は、住宅は建てたら潰れるまでの期間を、住宅の寿命と考えている。しかし、木材は永遠の建築材なのだ。ただ、水分の含有によって腐食するのである。腐食の元となる水分の除去ができれば、鉄骨やコンクリートより強く長持ちする。それに、地下資源と違い、木材は地球上の空気を清浄化しながら四、五十年で自然再生育し、人類を始め生物類に貢献している。

建物の維持のための手入れには、住む人の好みに合わせた改善とイメージ、生活ス

タイルの変化も取り入れることが大切で、人生の大半を過ごす住まいで、貴方の人生をエンジョイすべきだと思う。

「マイホーム」という言葉も最近は聞かれなくなったが、マイホームとは、自分個人の住まいを指しているものと思う。あなたの住宅は貴方のものであると同時に、貴方の好み、貴方の個性があってよいのであるが、最近それは何処にも見当たらない。

住宅販売メーカーから購入した時は、貴方の個性は無視されていたし、貴方自身も目の前の建物に気を奪われ、何の抵抗もなくそれを受け入れていたのかも知れない。

リノベーション計画は、建物の修復だけが目的だと思ってはいないだろうか？　実際は、貴方の住宅の価値観を増大させる、大切な改修計画が求められているのである。住まいへの愛着と、改修による生活環境変化により、貴方の生涯が価値ある人生となるだろう。

9 住宅をリニューアルするなら、かかっただけ価値を高める

住まいの第一の価値観は、居住性能にあるのではないだろうか。

自然の激しい寒暖の差と共に、自然災害である地震、津波、台風、噴火、風水害等、また火災、人災、事故、さらに犯罪被害……何処に行っても、これらの災害全てから逃れられる所は少ない。しかし、少なくとも我が家にいる時だけぐらいは、安全だという気持ちでいたい。心から「安心」と言える場所は、しっかりと安全を裏付けた我が家しかない。それ以外に心休まる場所はないのである。

自然現象による災害は、完全に避けることはできない。私達人類は太古の昔から、自然災害の恐怖から逃れられずに生きてきた。時には、自然界の気象状況との闘いに、生活は分断左右され、悩まされてきた。

それでも一年一年、四季の寒暖の差に大きな変化はなく、必ず冬の寒さと夏の暑さの時期はやって来る。この四季に恵まれた日本人は、四季の変化に対応する術を心得ていたが、現実は厳しいものであった。

常夏の国、南国は四季の変化が少なく、その対応に気を遣う必要はない。それだけに、季節対応の知恵の進化はなく、四季を持った先進国とは違い、怠慢な住宅文化となっている。

島国日本では、季節による安らぎの場所として、住宅の室内居住性の環境の維持は大切だ。季節による暑さや寒さに悩むことなく、伸び伸びとした清浄な室温環境にあることで、精神的にも肉体的にも健康を維持することができる。

しかし、この環境を維持するのには、エネルギー、熱源が必要になる。今は世界のエネルギー資源が枯渇を訴え始めている。これからの住環境を維持するためには、限りある地下資源に頼らず、自然界の絶えることのない自然エネルギーの活用と省エネルギーの推進が必要である。

しかし、世界の生活水準は上がり、北方系民族はマイナス40℃の極寒の世界の暖房費、南方系民族はプラス40℃以上の灼熱の世界の冷房費を抱えて共に暮らしている。世界は高文明化社会に向かい、暖房や冷房なしの居住生活は考えられない時代となっている。高気密、高断熱の建物は、その浪費を的確に抑えることを求められている。

北欧米諸国のマイナス40℃の世界に住む人は、日本住宅では生きていけない。欧米人が冷暖房費に神経を使うのはよくわかる。日本人は生活環境を意識はするが、真剣な取り組みは見られない。それは、日本がまだ我慢のできる気象条件の範囲にあるからだ。しかし、欧米人が冬季に日本の私達の住宅に住むと「寒い」を連発する。

住宅の高性能化は急務である。先進国を誇る日本の住宅の環境改善に、欧米型の住宅の機能を取り入れれば、日本の屋内環境維持に使うエネルギーの消費量は、少なくとも三分の一にできる。住宅関連でのエネルギー消費を少なくすることは、個人の家庭エネルギー消費燃料問題と共に、地球温暖化問題も解決していく。

家を修復するなら、それなりの精神的メリットと、経済性を求めることである。大切なお金をかけたことによる、充分な経済的メリットと満足感を得る人生を送ることである。私達は、今現在生きている時が私であり、私の人生であるのだから。

10 財産価値を高めるための手入れ

住宅のリフォームは、外部と内部に分かれる。

外部の改善は、自分の見る目より他人の目を意識しなくてはならない。周りの自然や環境に溶け込むように、目立たないが、しかしその建物の存在を意識させなくてはならない。

建物の外観は、屋根部と外壁が大きなポイントになる。大きく目立つ屋根の補修は、使用屋根材により違いがある。

屋根材で多いのは、焼瓦。材料の経年変化は少ないが、瓦を受けている下地材、桟木が傷んでいることが多い。桟木は細い木材でできているものが大半で、概ね十年程度で腐食による破損がある。見た目にはわからないが、地震や風水害等で桟木が外れ、瓦がずれ落ちることがあり、腐食桟木の取り替えも必要となる。そのまま放っておくと、自然災害で被災した時に一斉に被害修復をしなければならないため、職方が不足して早急な修復は望めず、ブルーシートの花が咲く。

瓦は、焼瓦以外にもいろいろな種類がある。スレート系のもの、セメント系のもの等、それらは十年ないし十五年で、塗装のメンテナス、塗り替えが必要となる。塗り替えは塗装下地の洗浄が大切になる。屋根の塗装等は、塗料の質を落としてはならない。

工事費は、材料より手間賃の方が高い。屋根の塗装工事には概ね工事用に足場がいるので、ついでに外壁、軒裏等の塗装も一緒に施工することが、足場工事費の併用ができ無駄がない。更に雨樋等も修理しておいた方がよい。

外観の補修は、新築と変わらない美しさを取り戻すことが目的の一つだ。色彩の変化もアイデアの中に入れてもよい。

内装は考え始めると際限がない。何処までどの程度の工事費を考えているか、はっきりと予算を提示しなければならない。

改装は少しの修復でも、思いの外工事費がかかることがある。特に床下の工事と共に、配管設備工事が伴うこともある。床下が土間（土）の場合は、床下の防湿工事はできる限り必要だ。床下の乾燥化は、建物の生命力の延長に繋がる。

既存サッシュ交換は、早いうちに決め、はっきりその意思を示すことが大切だ。サッシュ等の交換は内外部共に修復が伴うので費用がかかる。また、良いサッシュほど製作期間もかかる。着手する前にそろえねばならないことも考えられる。絶対にアルミサッシュは避けた方がよいのは前に述べた通りである。

内装材、特に化粧合板、クロス工事等は、年月を経ると新建材メーカーが現品を廃番にしてしまい、同じものを求めても手に入らないことがある。そのため、部分補修や部分張り替えができなくなる。そのような場合は、全体的に新しい感覚を求めて、思い切り斬新な自然材等を使っての張り替えも考えられる。貴方のセンスを活かす時でもある。

今の住宅メーカーは、先ほどから申している通り、将来のリフォームのことは念頭にない。

特に使用部材は、各住宅メーカー専用の模様付き新建材での仕上げ、入り口枠、窓枠、ケーシング、ベースボード、廻り縁、ドア等は塩ビ被覆の新建材を使っている。新しい時は見た目には綺麗でよく映える。しかし窓枠等、太陽光線が直接当たる箇所は、脱色、変色が甚だしい。十年後には同じ部材はないし、一本二本では手に入らない。また、リフォーム時に、新しい部材でも取り付けが問題となる。その点、天然材ならば集成材でも塗装すれば新しい時と同じ仕上げもできるし、気分転換に色を変えることもできる。大きくイメージの変わった新しい住居生活も考えられる。

設備関係は建設当時から比べれば、大きく様変わりしている。大変良い製品が出回っているので、取り替える機会でもある。ユニットバス、キッチンセット、便器等は特に非常に良いものが発売されている。これらの製品が勿体ないと思われることもあるだろうが、リフォーム工事の際に取り替えることは、長い目で見て、全体的には工事費用の面で無駄がない。後で取り替えることを思えば費用削減になる。

やはり一番大切なことは断熱工事である。断熱材の施工については、細かい所まできちんと完全な施工をしてもらうこと。建物の気密性が高くなるので、少し手を抜くと、その表面部分が結露で湿ってくるのでわかる。断熱工事の作業は綿密に。仕上げ工事により後で見えなくなる箇所は、自分で作業管理をするぐらいの気持ちが大切だ。目に見える仕上げ工事は、施工のやりにくさもあり、多少の傷等は目を瞑ってもよい。多少の傷は愛嬌ぐらいに考え、古傷も財産のうちと思えばよい。多少の傷にこだわって、見えない所で手を抜かれては何にもならない。


ここで話は少し脱線することになるが、息抜きと思って記してみる。

私は栃木県の日光市に住んでいる。日光には宮内庁から払い下げ渡された、戦中まで使われていた「日光田母沢御用邸（記念公園）」がある。栃木県によって管理され、今では立派な観光名所である。

私と今上天皇陛下は同じ歳である。戦時中のこと、当時皇太子だった陛下は、学習院の同期生と一緒に日光に疎開していた。私達は御用邸の前を通る時は、電車やバスの中でも、御用邸に向かって丁寧に頭を下げてその前を通過した。戦争の厳しい中という時期だったが、同じ歳ということからか、私は陛下に大変親しみを感じていた。

やがて日本は終戦と共に大きく変わり、新しい平和な時代を迎えた。愚かで忌まわしき戦争は終わりを迎え、時を経て新しき時代に入り、私は平和の大切さを知った。旧御用邸は、戦争の真っ最中の天皇陛下の大切な記念館となった。

平成十二年八月、御用邸はこの日光の地で一般公開されることになった。大変なリフォーム工事によって、陛下在住当時の姿のままに整備され、今は多くの見学者が訪れ、今上天皇陛下の戦争の時代の苦しみを映し出す記念館となっている。

旧御用邸の整備公開に先立ち、陛下は懐かしき日光御用邸に参られた。その時、県の職員が邸内のご案内をしたが、陛下はご自分がお使いになっていた邸内の古い柱の傷を見付けられ、

「この傷は僕が付けた傷だ」

と、逆に案内人に説明されたと聞いている。皇太子時代を懐かしみ、大変喜ばれてのことだったろう。

思えば、天皇陛下の小学生時代は如何な様子であっただろうか。十一、二歳の頃のことである。学童疎開で一年間以上親元を離れ、ご両親（昭和天皇両陛下）を忍ぶ想いがあったことと思われる。学習院疎開のため、同級生の父母兄弟の御用邸訪問は数あったが、陛下のご両親の訪問は一度もなく、寂しき日を過ごされたのではと思われてならない。そのような当時の陛下のお気持ちは如何様であったか……柱に付けられた傷に当時を偲ぶ想いがあったことと思う。その傷、今は日光の宝物である。

貴方の住まいにも、歴史の傷跡が残っていたら、板一枚でもよい、大切にしなければならない。

欧米人は、建物に残る傷跡を、その家の歴史の記録として残している家が沢山ある。玄関を入るとその脇には、建設は一八〇〇年と、ここに住んだ人の年代と姓名が順に掲げてある。歴史は意図的には作ることのできない宝なのである。

豪華な近代建築の中には、二百年前の構造物が美術品の如く映り、この家の主の如く振舞っている。

「この家は、私達住む者の宝である。次に住む人にも優しく振る舞ってくれるでしょう」

この家のご夫妻のそんな言葉に、住まいの持つ優しさと、歴史ある住まいの強さを感じる。

貴方の家は、貴方の生きた記念碑でもある。大切に末永く残ってくれることを祈念しながら、丁寧な補修をし、貴方の記録を刻んだ家が、後にそこに住む人に愛されて使われることを、心より願ってやまない。

11 改修の基本は寒暖への対処
――冬季暖房について

自然災害時以外は、住宅は屋内温度環境を維持できなくてはならない。

特に暖房は、暖房のための熱源処理が問題となる。燃料費削減のために、屋内での燃焼暖房器具が使われていることが多く、一般に簡易型の小型燃焼機は、ガス、石油等が多い。この屋内燃焼機は排気ガス（二酸化炭素）が発生するため、屋内の換気が大切になってくる。ガス、石油の小型燃焼機のメーカーの多くは、一時間に一回か二回、一〜二分の屋内換気を求めているし、国の建築基準法でも機械換気設備の設置などが義務付けられている（二十四時間換気システム）。

しかし、これは如何なものかと疑問を感じる。高いエネルギーとお金を使って折角暖めた価値ある屋内空気を、一時間ごとに捨てろと言っていることと同じになる。

電気暖房機は二酸化炭素の発生はないが、石油暖房機と同じエネルギーを求めると、電気代は石油代の四倍にもなるエネルギー代価を必要とする機器もあり、何より災害時における停電にも対応できない。だから、私は今の日本人の標準収入では電化はお勧めできないと考えている。

これまでの日本の住宅は、個々のエネルギー管理には重点を置いていない。そのため、冬になるとかなり高い暖房費に生活費が追われる。

理想はと言えば、欧米型の暖房方式だ。欧米の建物を見ると、多くの家に暖炉用の煙突が付いている。あれは古き時代の室内暖房の文化的遺品だ。今はさほど使用していないが、その家を訪れる大切なお客がある時等、儀礼的に接待用として夏でも点火して歓迎の意思を表明する。昔は、なくてはならない実用的なものであったが、現在は儀礼的習わし、文化的しきたり用の暖炉と理解した方がよい。それでも、何処の家でも暖炉は付いている。この地に生きた先達の、古き時代の伝統的文化を大切に維持しているだけであるが、それでも災害、事故による停電時には救われている。

欧米では、現実には屋外燃焼のセントラル・ヒーティング方式の暖房方法がとられている。今、日本では床暖房が流行っているが、これもセントラル・ヒーティングの一方式である。電気床暖房もあるが、ランニング・コストは低くはない。

セントラル・ヒーティング方式の屋外燃焼ボイラーは、屋内での二酸化炭素発生や一酸化炭素中毒の心配がない。つまり換気も必要ないので、暖かな大切な空気を捨てることはないのである。しっかりと断熱工事がなされた家では、石油での暖房費は通常の三分の一程度で収まり、快適な屋内環境が得られる。これがマイナス40℃の世界に住む欧米人の暖房設備である。

但し、日本のような床暖房はあまり施工されていない。暖房の立ち上がりに時間がかかり、使うことのない床下に逃げる熱損失も、断熱材で防ぐといってもやはり損失は避けられない。また、暖房伝熱配管が床材の中なので、間違って床の配管、配線にビス、釘等で傷を付けると、全部の床と配管、配線の張り替えとなり、大変な修理費用がかかる。それに、床仕上げ材が限られ、インテリアに制限があるからだ。

欧米では、多くはパネル型放熱器か温度調節機付きの温風暖房機が使われる。室温の立ち上がりが早く、設置型なので夏場の取り外しもできる。故障しても修理費も少なく、取り替えも簡単に済む。その他には温風パイプ送風式等がある。

これらが、今世界で多く使われている暖房方式であり、綺麗な空気で屋内生活をエンジョイできる。暖房経費も安く、快適な生活環境が求められるのである。

高齢化社会を迎え、長い年月をその家で過ごすことを考えれば、安全、安心の設備を設置することをお勧めする。ただ、欧米型の暖房機は、今まで日本での設置件数が少なく、大手の住宅メーカーでも設備そのものを知らない場合が多い。当然、小さな工務店でも、強く頼まないと積極的ではない。設置業者も知らない場合が多く、頼んでも積極的ではないが、伝統ある小型ボイラー・メーカーは製作しているし、アフターサービスも完全である。設置費はそれほど高いものではない。この暖房方式を建築業者に話すと、床暖房を勧めてくる。

兎も角、大切な屋内空気の温度、高い経費のかかった屋内の空気は捨てられない。

一時期、戦後間もなく、在来工法住宅やブロック建築、コンクリート造建物等でセントラル・ヒーティング方式が採用された時期があった。しかし、その方式に建物の断熱がついていけず、かえって燃費がかかり、一般的に避けられるようになってしまった。建物の性能、断熱工事の知識がなかった時代の話だ。

今は、高断熱の住宅の必要性は証明されている。住宅の性能について、カナダで聞いた話だが、マイナス40℃の世界での災害時に、暖房なしの状態で室内温度6℃を維持しなければならないという建築基準があるという。6℃は、人が生きていくのに必要な最低気温らしい。災害による停電等はよくあること、生命の安全は大切である。

12 住まいの性能は強度と断熱性

「住宅の性能」とは何を指して言っているのか――それは、建物の持つ強度と、保温断熱工事の完全さを言う。

強度は建物の施工経験と技術により、耐力基準を理解した者の技量にある。

そして大切なことは、前項でも述べたように、断熱工事にある。建物の全体、床下から外部に面した壁、天井裏等である。在来工法の場合、外部に面さない内部の間仕切壁全体にも、断熱施工をすることである。

古いままの在来工法では、建物が湿気るのを防ぐため、間仕切壁内に空気の流れる道を造り、その空気の流れが建物の湿度を除去、結露を防ぐものと考えていたが大変な間違いだった。反対にこの在来工法の壁の中にある空間の空気の流れを塞がなければならない。間仕切壁を通して、暖かい屋内に床下からの冷たい空気が流れると、壁内結露が発生し、当然暖房負荷もかかるが、建物の腐食に関わってくる。

その他には、天井部分である。天井は一番屋内温度が高くなる所で、それだけ熱が逃げやすくなる。断熱工事の施工は大切である。

断熱材は、私はガラス繊維系断熱材（グラスウール系）が良いと思う。ガラス繊維は無機質で、名の通りガラスの繊維なので燃えない。従って壁内での漏電火災の心配が少ないのである。火災にあっても、燃焼による一酸化炭素ガス等の発生を少なく抑える。

断熱材にはその他に石油系断熱材があるが、火災時に一酸化炭素ガスの発生で人の命に関わる大きな問題となる。最近の火災は一酸化炭素ガスの発生が人の死に繋がっている。

照明器具の取り付けに際しても、不燃断熱照明器具でないと、照明器機の発生する熱で火事になる危険もあるので、グラスウール系かロックウール系をお勧めする。

今は、火災時に死亡事故が多い。遺体に火傷もないのに死亡する場合は、ほとんどが一酸化炭素中毒が原因である。それは石油原料系のスタイロホームやスチロール系の断熱材の使用に要因がある。火災の場合の危険性と性能減退を考えれば、石油系断熱材は避けねばならない。実際には国の規制があってもよいと思える事項だ。それに、石油系気泡断熱材は経年縮小するため、五〜六年経つと断熱材に隙間ができる。また、シロアリ等の食害により消滅して、断熱効果が落ち、一年ごとに退化していく。

今流行の外断熱工法も、建物本体と外壁材の間に挟む断熱材が縮小し、間隙ができると、地震時に本体と外壁の揺れに誤差が生じるため、剥離脱落を危惧する。

断熱材の取り替え工事は、工事のやり替えに繋がっていく。住宅の性能は、断熱工事に充分な注意をはらい、完全施工に重点が置かれる。

13 リノベーションでランニング・コストの大幅削減を

住宅の「高性能化」とは何を指しているのか。

住宅の高性能とは、一番はエネルギーの管理にある。年間を通してかかる、屋内の暖冷房費にある。住生活の中で肌に感じる好環境は、夏涼しく、冬暖かい——この環境で全てが決まると言っても過言ではない。この環境を守る維持費が、ランニング・コストに大きく繋がっていくのである。

何回も申し上げるが、ランニング・コストとは、住宅の場合、継続して貴方の人生をエンジョイする生活経費のことで、一に冷暖房に使う光熱費、次に上下水道料、通信費、そして税金や災害保険料。これらは避けることはできない。この避けることのできないランニング・コストを如何に削減するかにある。

新築することにより、新築建物の税と保険料が上がることを頭に置かなくてはならない。つまりコスト高に繋がる。それに、旧建物の解体費、産廃処理費は建築工事とは別だ。

中古住宅は固定資産税が安い。それを手に入れて、リノベーションで大修理する目的は、断熱工事、高性能化住宅にある。問題は、一番大きな冷暖房費を如何に下げるかにある。これが、リニューアル改善の主目的でなくてはならない。

大手住宅産業メーカーは、販売業である。社員は釘一本満足に打てない社員で、生産性はなく、売り込みの営業能力だけ。リフォーム改善工事は積極的には勧めない。規格化された住宅の販売が目的で。利益を生み出す新建材が売れなくては採算が取れない。資材を大量に使わない工事はできかねるのである。細かく手のかかる改修工事の工事管理の煩雑さを避けている。高度の現場技能が伴わない体質の住宅販売会社であって、売れればそれでいいのである。

その企業体質が、下請け業者の単価切り下げに向かい、我が国の住宅産業業界の大切な若い施工技能職が敬遠されることに繋がり、建築技能を消滅に導いている。

マニュアル化された規格商品の売り込み会社は、リノベーションの現場作業、改修工事、施工計画、管理体制には向いていない。リノベーションには、経験豊かな街の技能者と結び付きの多い施工管理会社が求められている。

住宅を不動財産にすることができる本来の技能会社が、資源保護と産業廃棄物の削減を目指し、新たな分野を開かなければならない。古いと言われている住宅の再生と共に、新たな技能者の職域の広まりにも繋がっていく。

街の隠れた技能者の発掘と共に、日本人の持つ優れた才能と技能は、新たな住宅産業の分野を開き、多くの消費者の希望に応えるべきだ。

14 改修工事にどの程度費用がかかるのか

改修工事は、新築と違って簡単に見積もることができないものがある。多くの箇所は、傷み具合等が見えない場合が多い。多少のお金がかかっても専門家によく見てもらわねばならないが、見えない場所の改修は、どの程度修復しなければならないか、わからないことが多い。

そのため、見積もりは「約」という字が付くのは避けられない。

建築業者等から見積書を取る時は、最初に家を建てられた時の建築確認書があると、見積もりの参考になる。また、プラン変更にも役に立つ。

しかし、建物によってはプラン変更ができない場合もある。大手住宅メーカーの規格プラン住宅は、基本的には変更できないものが多い。プレハブ住宅は当然変更が難しいが、業者に確認してもらうとよい。内装、クロスの張り替えや塗装工事等のリニユーアルは問題ないが、鉄骨系の建物は隠れた場所のジョイント部分が錆びていないか、検査確認が必要である。

木質系の規格住宅は、補強次第ではできないことはないが、古い構造体を如何に安全に補強しながらプラン変更を行うか、専門的技術が求められ、安全性を重視しての構造変更は結構問題点が残る。それは、型式認定住宅は、直すと国の認定基準外となるからだ。大量生産型住宅はリノベーションは考えにないのである。

一般的なしっかりした設計士による計画図面により建築確認を行政機関より受けた建物は、設計変更により安全基準を満たす変更はできる。設計者に何でも思うままの話をして、できる変更はしてもらう。当然できないこともあるが、自分の希望は考えて述べておいた方がよい。特に水廻りは、変更すると費用がかかるが、古い設備配管は早めに取り替えた方がよい。三十年を過ぎていると傷みも激しい。現在は部品等も長期間使用できるものとなっている。給水給湯の配管の保温断熱工事も大切だ。改修工事に合わせてできる修復はした方が、長い目で見れば得である。

最初の見積もり依頼の際、業者に自分の考えている改修総予算を話すのもよい。改修はどの程度の仕様内容か、仕様によっての工事費の差は大きい。交換希望器具類、仕上げ材、改修箇所等、工事予算はどの程度かを知らせておくことになる。使用機器等にも高価なものから低価格のものまであるので、業者との話し合いによって、見積もるべき機材の価格帯がわかる。業者側としても、何処をどうするかの、予算に合わせたアドバイスができるので、お客側の総予算を概ね示しておくのも一つの方法である。できる限り予算に合うように、施工レベルの適正化の参考になる。

例えば浴室のユニットバスの交換等は、予算を大きく左右する。お客の望む範囲と見積もり予算が希望通りに行くか、予算オーバーによりどれを削るか等は、現状と現場審査の中での話し合いになる。

15 しっかりした改造修復は新築住宅と変わらない

これまで述べてきたように、しっかり改修すれば中古住宅と新築住宅の価値は変わらない。リノベーションによる改善で、住宅性能が高くなり、住み良い環境ができれば、個人だけの問題ではない。アメリカでの中古住宅価額は、新築住宅より高いことがよくある。我が国においてもその方向に進んでいる。

住み良い環境が得られれば、建物の古さ、年代にはこだわらない。今この家を修復することは、商品としての価値を上げることになり、それだけ真剣な改修計画が必要になってくる。当然、ご本人の納得のいく住まいとなる。

あと何年生きられるかわからない、と考える人もいるが、生きている間が私達の人生。生きている間に親しみ、生涯を楽しんだ後の我が家が、価値ある資産であれば、自分の生の生涯に使いきる住宅担保の年金保険等も、これからの社会保障としてあることになる。

思いの外、自分が予想以上に長く生きて、その間の生活費が不足する心配もあるので、持っているお金が使えないという話もよく聞く。アメリカのように家を担保にした年金保険も良いことだと思う。毎月決まった保険金が年金として入り、自分の生涯のために使い、資産が残っても、後に残る者がどのように使うかは旅立つ者には関係はなくなる。自分の住宅担保の年金保険であれば、長生きして金がなくなったら困るという後ろ向きの考えもなくなる。日本でも大手生命保険会社が、長寿年金保険を検討されて近年には実施されるようだ。

我が家の建物は何処に価値があるのか。戦後の、住宅の数を求められた時代の粗悪な住宅であるが、その記念碑として何かを残したい。ほんの一部でもこの部分、お爺さん、お婆さんの汗と垢の沁みた住まいへの思いが残っている記録。何十年と自分達を育んできたその歴史ある住宅は、何十年と経たなければ造ることができないものなのである。粗末な素材の一部でも、作ることのできない宝かも知れない。

木材等は、古くても、結露等による水分を避ければ何百年でも使えるのである。住まいを新しく改修したとしても、その歴史を刻んだ一部が残っているだけで、その家は、戦後の厳しい時代に建てられた、歴史を刻んだ大切な文化財なのである。

何十年の時を経た、小さな歴史を刻んだその建物を、貴方の感覚で改善した結果、使いよくなって皆に愛される——改修によって近代的となったその住宅は、他に求めることのできないものなのである。

現代の、希薄で意味のないデザインで、ただ新しさを強調する住宅販売会社の売り込みに揺らぐ気持ちもわかるが、新しさだけをうたったうわべだけの心のない住宅は、十年も経つと、価値のない、何年頃に流行った、何処にでもある味のないデザインの住宅となる。ここにもあそこにも、そしてテレビの中にも……一目でわかる、住宅会社の売り込み住宅商品に注意。見た目だけのプランは、充分に検討を必要とする。貴方の個性が何処にもうかがい知ることのできない、味のない家になってしまう。

古い住宅を現代に合わせた住宅に改修するには、意外と費用がかかる。それなら新築した方がいいと考えるのもわかるが、新築するには、計画ではあと十年は我慢しないと建築予算金額の差でできないとしたら、貴方の住宅取得を十年延ばすことになる。大切な若き時代の花の人生を考えれば、それは決して良いことではない。

私達の命、長くてもたかが八十歳前後。それほど長くはない私達の人生の一端と考えれば、大切な我が生涯、二度と現在の若き時代の生活は取り戻すことはできないのである。若き時代を大切に生きることである。マイホーム取得を延ばすことは、納得のいった大切な時代を失うことに繋がる。

今の貴方には、住宅を新しくしたいとの気持ちが高まっている。十年待つということは、貴方の限られた人生の中の、現在の若き日の大切な家庭生活、夢の時代が過ぎてしまうということだ。

金や物はいつの時代にもある。しかし、時を経るという現実は如何なものか。今日の日は二度と帰ることはない。時間は貴方の大切な身体と同じ、二度と元の年齢に戻ることのない大切な人生の一部なのである。その貴方の人生を無駄にしてはならない。若い欧米人はローンを使っても住宅の取得を早いうちから考えている。

よくある話だが、親達が使った住宅の歴史ある価値を一部でも残しながら、夢のある改装計画を立ててみることも大切である。

第2章

住まいの改修計画と施工管理

1 リノベーション改善計画は信頼関係から

まず、リノベーションとリフォームの違いをもう一度おさらいしておこう。

国土交通省の見解によると、リノベーションは新築時の目論見とは違う次元に改修すること。リフォームは新築時の目論見に近付くように復元することだ。

リノベーションは、既存の建物に大規模な改修工事を行い、用途や機能を変更して、性能を向上させたり、価値を高めたりする。建物の経年に伴い、時代に合わなくなった機能や性能を、建て替えずに、時代の変化に合わせて新築時の機能・性能以上に向上させる。

具体的には、耐震性や防火安全性を確保して、耐久性を向上させる。冷暖房費等のエネルギー節約のため、またＩＴ化等変化する生活機能の対応・向上のために行われる。外壁の補修、建具や窓枠の取り替え、増改築、間取り変更、給排水設備更新、冷暖房換気設備の更新等を言う。

　関連団体として、リノベーションに関する技術や品質等の標準化、普及浸透の事業等を行うことにより、安全で快適な、かつ多様化するニーズに対応したリノベーション及びリノベーション住宅の提供を図り、既存住宅の流通活性化に寄与することを目的とした、一般社団法人リノベーション住宅推進協議会等がある。


　施工管理が大切であることは、誰しもわかる。しかし、本当に専門的な管理はプロでないとできないのである。だが、我が国の建築業界の分野で、住宅に対してのプロと言われる分野は何を指しているのか。現在は、建築士、建設業、住宅販売会社、下請け会社、施工業者、職人と分かれており、昔のような請負師なる者、つまり施工から住宅の完成まで総合的に施主と打ち合わせができて、管理運営施工のできる環境が崩れている。

　施主や家族の好みや個性はまったく知らず、施主の心に接することもないロボット的な計画設計者の描く図面は、新しければいいと自分の感覚だけが売り物みたいな作品を押し付けている。自分の家に住んだことのない設計者が、住まいの真の意味を知っているのか疑問を持つ。客が望めばリビングに大きな吹き抜けを取り入れ、二階への階段もその結果も考えずにリビングに設置する夏場のイメージのままで、冬季にリビングを暖かくするには、吹き抜けや階段のないリビングの五倍ぐらいのエネルギーが必要となる。

施工者は、施主と接する機会に恵まれながら、プロ意識はなく、ただ図面に従って施工するその心に、施主の思いが入り込む余地はない。営業力に重点を置いた住宅販売会社の受注経費は、営業活動に大半を使い、実際の施工を如何に早く安く行うかが、下請け業者から施工職方の低賃金となり、決められた工事の施工以外に気は回らないのが現状である。

しかしリノベーションは、施主と施工者の共同作業である。リノベーションや、リニューアル工事は、貴方の思いがそのまま施工に結び付く、納得のいった住宅改修である。直接施工者と接する機会も多くなる。その時の会話の中に、貴方の思いと個性が取り入れられるアイデアが生まれる。

改造リニューアル住宅工事（新築当時のままに改装する工事）は、現場によって様々で、決まったマニュアルはない。全てが現場確認から始まる。そして、工事発注者側と受注者側がよく話し合い、気心の打ち解け合いが重要になってくる。この作業は、信頼関係がなかったら良いものはできない。

工事発注者、受注者の人格的立場は同じである。現場作業は、取引物件を見て確認の上に進めることができるものだ。そこに信頼が生まれてくる。現場作業には、杓子定規的な作業は求められない時があるし、計画通りに行かない場合もある。既存住宅の構造上改修ができない場合もある。話し合いの上、多少の変更等は認識しておかなければならない。説明と協議で、お互いの努力にあることを念頭に、良い作業計画を作ることが大切である。

現場の住宅に合わせた診断、プラン計画、計画検討、打ち合わせ、見積もり、契約、現場施工という流れになる。それだけに、事前打ち合わせが重要になる。

発注者、受注者共に打ち合わせの時間がもっとも重要であり、作業進行上の問題となることがある。お互いサラリーマンが多いので、時間的制約に苦心する。打ち合わせの時間はできるだけ受注者側が合わせるが、土日や祝日は担当者が苦しむ。平日の昼休みの時間とか会社帰りの打ち合わせなど時間をやりくりして、双方のコミュニケーションを取ることが大切。サラリーマン同士、優しく接する利益は、貴方のものである。

2　工事の進行に伴う施工計画

まず、改修は二つに分かれる。

一つは、今住んでいる家をリノベーションする、プランニングから始まる改善の場合。

もう一つは、リフォーム改修。これは基本的な大きな改善補修はなく、現状のまま綺麗にリニューアルする場合だ。

今住んでいない遺産的贈与物件や中古買い入れ物件の改善活用、または手に入れた物件の改修は、リノベーションに入ることが多い。大きくは、それらの修繕改修工事に分かれる。

人が住んでいない住居の場合は大きな問題はないが、今住んでいる場合の改修には種々の問題がある。改修工事も、外廻りだけの美化改修（リフォーム）だけならば、不便はあるが大きな問題は少ない。工事に先立ち、外廻りの片付けだけで済むし、その片付けも業者の人に頼めば、それほどの費用はかからない。

しかし、窓廻りの交換や改修、土台の修復、床下の改善等は、その家に人が住んだままでのリノベーション改修は、工事発注側や施工者側も大変な労力を必要として、工事費も膨らむ。その家の大きさや改修内容にもよるが、充分な打ち合わせが必要となる。

改装工事は、部分的修復には、改修部分の既存撤去、修復と補強、仕上げ下地工事、内装仕上げ等があるが、場合によっては設備配管工事や電気配線、コンセントの増設等があるので、工事を速やかに終了するには着手前の計画が必要である。

3　着手前にやらねばならないこと

家の中の片付け、これは大変な思いをする。工事内容によっては一時的に引っ越しも考えなければならない。家具等荷物の仮置き場は、業者に相談して一時預かり、貸し倉庫やストックハウス等の斡旋を頼まねばならない。知り合い等に一時預かってもらうのも一つ。

引っ越しする場合は、業者に頼んでしまう方が仕事は速い。自分でやるのは、細かなものをダンボール箱等に詰めて運びやすくするだけだ。箱に何が入っているのか、何処に預けるべきかがすぐわかるように、箱に書いておくとよい。

工事中は、普段の生活と違った慣れない環境となるので、精神と身体に普段と違う無理がかかる。心構えをしっかり持って対処する。身体を壊しては何にもならない。

よく、工事着手日等を暦や易者等に見てもらう人もいる。日を選んでからでないと家はいじってはいけない、後で災いがあるという話は聞くが、それを信じる人は、占ってもらったり、御祓いをしてもらうとよい。それが精神的気休め、安心感になるならば良いことである。気にしない人も沢山いる。何が良い悪いとは言えないが、ともかく、家族一同健康に留意することが大切だ。

それは、普段にはない慣れない作業と気遣いで、身体に疲れがたまり変調をきたすことである。家を直しても身体を壊しては何にもならない。普段と変わりなく心を保つことは難しいが、できるだけ余計な気遣い、神経と労力を使わないことである。

また、現場の作業員達には多少の気遣いは必要であり、気持ちよく仕事をしてもらうのが発注者の上手な人使いとなる。問題があったら、管理者を通して良し悪しの注文を付けた方がよい。

しっかりした工事発注先なら、職方の信頼は高い。作業員の人は常に多くのお客さんに接している。仕事熱心な人ほど無口な人が多いが、話しかけると意外と親切な人が多い。気を許し合って安心できることは大切なことである。

4 工事見積もりと内容について

見積書の内容をよく理解する。わからないことは何でも質問する。後から問題が生じては、お互い不満が残る。

見えない部分の仮見積もりは、実際には多少の増減はあるが、どのような場合にどのように変更になるのか、およその金額、工事内容の把握について、納得のいくまで質問は大切だ。

施工業者側は、注文者が理解しているものと思い込んでいることがあるので、念を押すことは大切。そして契約書類で確認。追加工事等は文書を交換する。

契約書は、工事金額だけでなく、工事内容が大切。別紙計画図面、見積書、仕様書を元に、現場管理費、諸経費。諸経費の中に労働災害保険等が入っているかは、万一事故があった時の対策として重要である。

作業以外のこともよく理解し、確認してサインする。消費税は全て別途。国に納める税金である。

5　工事見積もりは検査から

中古住宅であるから、建物の傷み具合をよく見てもらうが、目の届かない部分もあるので多少の見積もり違いはある。

建物が傾いていないか等をよく見てもらう。傾いていると、この建物は重症である。基礎の安定度、基礎に亀裂が入っていないか、水平を保っていないかは、補強等ができるか否かの重要な下見となる。

外壁の確認は、壁に亀裂が入っていないか、歪みや下地との接続不足に壁面剥離の危険はないか等を確認する。

古い建物の場合、見た目には異常がなくとも、工事中の衝撃等で、異常のなかった壁が落ちることもある。作業の衝撃で剥離滑落したことによって、壁下地の現実がわかる。これは本体と壁体の経年剥離が起こっていたわけで、新築当時の下地材の取りつけ不良か、釘、ステップル等の経年退化によることが多いので、この度の作業者のミスではない。そのことによって危険箇所の発見ができ、下地の退化がわかったことで補修もできて、以後の地震等での危険が避けられたと思わなければならない。

屋根は、瓦のずれがないかを確認する。瓦は桟木という木材下地に引っかかって載っているだけなので、桟木が傷んでいると瓦がずれ落ちる。十五年以上経った桟木、棟木は傷んできているので、下地は修復の手の抜けないところだ。

金属鉄板屋根等には、塗装工事を伴うものがある。施工法や塗料の良し悪しは長持ちに影響する。塗料等も良いものを使うのが、長い目で見ては得することになる。雨樋等も大切な改修箇所である。雨樋の傷みは建物の寿命に繋がっている。

外廻りの工事は、高性能の住宅を目指すには、サッシュの交換を考える。省エネサッシュ、外壁の張り替えかサッシュ廻りの部分修復がある。内部も同じだ。建物の価値観を高めるには、外壁の全面張り替えを勧める。外観は新築と同じになる。

6 リノベーション工事は内部床下から

既存建物の基礎補強工事は、布基礎の場合は大きく割れていなければ補強程度で済むが、昭和二十五年以前からあった古い建物は束石工法の場合がある。これはこの際、外廻りだけでも布基礎を回した方がよい。そして内側は既存の床を取り払い、土間の叩きコンクリート打ち込み（防湿工事）で、床下からの土息（土から発生する水蒸気）を抑え、土台基礎の強度増強と防湿を兼ねる。

束立て方式の場合、主要柱と耐力壁の強化のできる位置、何箇所かに、たとえば1・8メートル四方以上の平面に厚さ200ミリ以上の鉄筋入り耐圧盤を設け、耐震性の強化安定度を高める。その耐圧盤にアンカーボルトを埋め込んで、内部土台とボルト等で十字接続し、耐震等の安定度を図る。

床根太は、防虫処理した2×4または2×6のツーバイフォー用材程度の材料で一尺五寸（455ミリ）間隔で根太を入れる。根太は2×6以上の材は一階には使わない方がよい。大きなものを使うと収縮が大きくなるので不安定に繋がる。

床板は、間仕切壁下、敷居の下地等まで構造用認定合板との一体化市松張りを進める。床板の一体化は床構造体の強化と間仕切りの壁内の空気の流れを遮断して、壁内結露を防ぐことができる。

しつこいと言われるかも知れないが念を押す意味合いで——。床下の断熱材は、床用グラスウール製がよい。石油系製品や気泡系の断熱材は経年収縮する恐れがあり、またシロアリ等の虫害があるので使用しない方がよい。石油系製品や気泡系断熱材を選択してもよいのだが、断熱効果の経年減退は避けることはできない。グラスウール断熱材はガラス製品なので、無機質のため変質がなく、虫害や、漏電等での火災等の心配もない。火災時の一酸化炭素ガス等の発生もない。また、グラスウール断熱材は、何十年か後に再リフォーム等をする時にも、再度使うことができ、経済的にも何回でも使用できるのだ。

床根太上の床下地合板は、構造用認定合板15ミリ以上で（構造用合板の認定判が押してある。通常コンパネ等一般合板は接着剥離があり不適)、市松張りによる一体化により水平床構造耐力を付ける(この部分は見えなくなる場所だが、床耐力性能上大切な所)。一般的に行われている、化粧合板床板張りだけでは構造耐力にはならない。一階床は床用断熱材、構造用床合板の上に化粧床板を張る。

住宅メーカー等は、床板によく24ミリ以上の構造用合板を使い、三尺(910ミリ)根太間隔の床張りは、見た目には丈夫のようであるが、長い間に合板の自重、その重みで根太間の中ほどが垂れ下がり、不陸変形(床面の凹凸)の元になる。必要以上の厚さの建材使用は、全体のバランスが崩れることもありお勧めできない。根太の間隔は規定以上に広くしない。構造用合板15ミリで、根太間隔450ミリ以下の間隔が理想だ。

床下換気口は、冬季に床下を冷やさないため、感熱型自動開閉床下換気口をお勧めする。これは形状記憶合金により、外気温が4℃以下になると自動的に閉まって床下への外気を完全遮断し、17℃で完全に開くというアメリカ製品である。これは好評で、冬は床下設備配管等の凍結を防止、床下を保温して、夏は開放し自然換気ができる。

床パッキン（土台の下に敷く硬質ゴム製品）等は、基礎天端全体的に隙間のないように入れないと、冬は土台下から外気の進入があり、地方によっては床下がマイナス気温となり、建物の暖房経費の増大に繋がる。また、隙間なく敷き込めば、逆に夏場の暑い時は床下換気ができず、床下が蒸れる状態になるので、木材の腐食、虫害等に繋がる。

これらの床下施工は大切な工事であり、耐震強化、断熱強化と共に、湿度が遮断され建物全体の耐久性に繋がっていく。木材は水分、湿度が低ければ腐食せず、何百年でも持つものである。

床工事に伴い、設備配管工事も念頭に入れておく。経年によって退化した配管は、長くは持たない床下内の工事になるので、同時施工にすれば無駄がない。現在は使用機材が改良されて良くなっている。床下工事が前述通りの施工なら、床下の水道等の凍結はない。

7 壁面の改修はまず外廻りから

高性能住宅を望むならば、窓の取り替えが大工事になる。これからのサッシュは外国並みにして、雨戸やシャッターはいらない。もちろん二重に取り付けるサッシュ等無駄な工事も必要としない。

欧米並みの木製サッシュか塩ビ製サッシュ。今までの日本の塩ビ製サッシュとは、サッシュそのものの枠組み構造が違う。当然、取り付けられる厚手のペア（二枚合わせ）ガラスの性能は抜群。アメリカ、カナダ等では、一時トリプル（三枚合わせ）ガラスがあったが、効果は大きく変わらないので今はペアガラスが普及している。

塩ビ製サッシュは値段的にも安い。今は部材をカナダから輸入して、日本で組み立てている会社がある。性能は木製サッシュと変わらず、その性能は抜群に良い。居住する人は、気楽に内側のカーテンを引くだけで、夜のとばりを迎えられる。超高齢化時代に、雨戸等の開閉に体力の負担がなくなる。

古い住宅は、外に面した壁面、外側には断熱材を充填しなければならない。断熱効果を高めるため、覆壁にするのがよい。古い家は、和風で芯壁が多く、断熱材が薄いものしか入らないので、壁から熱が逃げやすい。性能を考えれば洋風になる。

芯壁は、主要柱が見えて壁面が柱面より柱芯に向かって後退しているので、壁の厚みが少なくなる。覆壁は柱幅が壁の厚みとなり、古い柱面は見えなくなる、柱の太さだけ壁空間が広く、柱の厚みだけ断熱材が入るので、断熱効果は断然高くなる。また、古い柱が隠れるので、新築住宅と変わらぬ仕上げができる。

在来住宅方式で施工すると、問題が起きる。それは、室内に面した間仕切壁も断熱工事が必要になるということだ。最初に床材を張る時に、一面、一体張りの施工方法をとってあれば、間仕切壁の中に床下から冷たい空気が通らなくなるので、空間のままでも結露発生にはならない。できる限りツーバイフォー工法に近づける工法にする。

在来工法床張りだと、外側だけの断熱材充填では駄目。間仕切壁の中に床下の冷たい空気が流れ込み、部屋の中との温度差が間仕切壁内に結露を招き、木材の腐食を招き、カビの発生に繋がっていく。間仕切壁の中がクーラーと同じ熱交換器の役目を果たして、クーラー稼動時に発生する水滴と同じで、間仕切壁内が流れる空気の温度差により結露発生となる。結露発生の状態は壁内を通る空気の流れと室内温度差が大きいと起きる。水分により伝熱が高まり熱も逃げる。

もう一つ、よくあることだが、押入れの内部の壁の所の断熱工事、これも決して手を抜いてはいけない。荷物が入って押入れ内の換気が悪くなり、湿った空気が原因で結露とカビが発生する。カビの繁殖は寄生虫等微生物の繁殖に繋がり、家ダニ等の格好の棲家となり、屋内環境は健康維持のための衛生上も大変悪い状況となる。

ここで、結露と健康の関係について話してみる。

結露が起きると、壁等の表面に水分が付着する。押入れ等には夜具を入れるので、汗等と共に結露の原因となる水分が布団等と共に入る。押入れ等、密閉された中で、微生物に適正な湿度と水分が保たれる。それは当然、カビの発生に繋がり、風当たりの悪い箇所は変色もしてくる。ダニ等を含めた寄生虫がカビを食べながら繁殖して、家の中に拡散していく。部屋の空気中には、その寄生虫の卵や殻、カビの胞子等が浮遊して汚れている。それに室内排気型の暖房機の排気、一酸化炭素ガス等の化合物等が混じり合い、化学反応を起こす――大変身体に良くない汚れた空気の悪い環境となるのである。

そのような環境の中で生活することは、気管支系の病を誘発、喘息や肺結核、さらには湿疹系の皮膚病に結び付く可能性が大きいと思われる。住まいと健康は常に繋がっている。住宅の結露現象は、避けないと恐ろしいことになるのである。

本来、熱の伝導率は、金属系や石、コンクリート等、密度の高い硬い物質が高い。特に金、銅、アルミは鉄の三〜十倍と言われている伝導率がある。

住まいでも、石造りやコンクリートの住宅の天井スラブや壁は、夏は日中の暑い日差しと熱気で焼かれ、手で触れられないほどの熱さになる。その熱は伝導率の高いコンクリート等の材質性能上、よく熱を通して屋内に伝える。日中の焼けた熱は夜に至っても住居内に放熱するし、その暑さに寝苦しい夜は朝まで続く。そして冬は、マイナスの冷たい気温に冷やされたコンクリートの壁は氷の館となり、冬の厳しい夜の屋内をさらに冷やしてしまう。そのために屋内冷暖房機の活動を高めれば、そこに起きるのが温度差による結露である。

欧米人が木造建築を好む理由はそこにある。建物の熱の伝導率が高いと、屋内の熱は逃げやすく、結露の発生に繋がる。木材のように熱伝導率の悪い材料は、熱が逃げにくく結露も発生しにくい。

水や空気は流動性があるため、流れにしたがって熱の伝導が進む。流れがなくとも、水や油等は熱を伝えてしまう。例えば衣服は、乾いた服は温かいが、湿った服は冷たくて寒い。濡れた衣類は水分により熱の伝導がよくなり、体熱が奪われて寒いのである。空気は如何か。乾いた空気は動かなければ熱の伝導は悪い。したがって断熱とは、空気の動きを緩慢にして断熱性能を高めるものなのである。

この説明は大切な部分なので重複するが、ペアガラスの断熱効果が高いのは、二枚合わせた中にある適正な乾燥空気層（ガス充填もある）が断熱空気層となり、適正な層の幅があるから断熱効果が高いのだ。

空気は流動性があれば、その流れで熱を伝える。動かない空気は熱を伝えられない。したがって、空気の断熱の条件には、空気が動けない状況が求められる。空気層は6

センチ以下であれば空気の動き、空間内対流は起きないと聞いている。6センチ以上空気層の幅があると、そこに空気の対流現象が起き、熱の伝導が始まり断熱層にならない。

今「省エネ効果」をうたい文句に、アルミサッシュを二重に取り付ける工事が勧められているが、お金はかかるが意外と効果は薄く、行政機関も含めてそれを奨励する者の、個々の想像の域を出ない認識に惑わされて、その言葉を信じる者は泣かされる。補助金に使われる公金も無駄遣いと言われている。

住宅の性能に関しては、後進国の日本はもう少し素直になり、欧米各国の住宅施工技術の熱効率や科学的構造面を学ぶべきだ。

日本人の建設技術の個々の施工技能技術は高いが、科学的認識の分野には問題がありそうだ。建築業界の「先生」と言われる者達にも、責任という重い荷物があるのではないか。

世界の住宅は何十年も、何百年も使用できるのが常識だ。フィンランドのヘルシンキ郊外には、千三百年経った木造住宅があり、今でも市営住宅として使われている。日本の住宅の寿命の短さは、住宅建築に科学的要素が欠けているからである。施工技術の分野の問題ではない。

これらを科学的によく理解した上で、これからの改修工事、床、壁、屋根等の仕上げ工事の下地処理等は、さらに次の何十年後かに、生活スタイルが変わった時のリニューアルを考えてしっかり施工する。

しっかりした性能を備えた住宅であれば、資産価値は高められる。中古住宅でも新築住宅でも価値が同じであれば、リノベーションを終えた住宅は価額的には安いわけだ。安売りの不動産会社等の商品は、少しお金を払ってもプロの目で確かめてもらうことが大切だと思う。

8 天井、屋根裏の断熱

天井は一番熱が逃げやすい所なので、高密度の断熱材を使用するとよい。

住宅の天井裏は、その家で発生する熱の大部分を吸収する。特に夏の屋根は、日中の日差しを受けて焼け、その熱は場合によると50℃を軽く超える。そして屋根裏の熱は天井材を通して部屋に入ってくる。結果、夏の冷房負荷は増大する。当然、冬は逆に、金のかかった熱が天井裏に逃げる。こうして冷暖房による高いエネルギー代が逃げ、大きな損失となっている。

天井裏の断熱工事は、高密度の断熱材を使っても、工事費はそれほどかからない。但し、天井裏の換気口を忘れると、冬季に屋根下地に結露が起きる。

使用する屋根材の良し悪しは、現場に合った使用材料を施工業者に聞くとよい。瓦や厚みがあり重量のある屋根材は、屋根構造材の強度が必要だ。雨降り時には雨の音がしないので静かであるが、重いので災害時には不利になる場合がある。

リノベーションで間取りの変更をする場合、主要柱等を撤去することに対する補強工事には、経験と技能が求められる。その場合、屋根の軽量化も検討課題となる。

カラー鉄板等は軽量化した屋根材だ。多少の雨の音は避けられないが、価額は安い。災害時の安全度も高いが、補修には十年から十五年ごとの塗装リニューアルが必要となる。

9　内部改装計画はまず水廻りを

内部を全体的な改装にするか、部分改装にするか――改装箇所が多ければ全面改装を選んだ方がよい。経費があまり変わらなくなってくる。

部分改装は、まず水廻りから検討しなければならない。浴室、トイレ、キッチンセット等の改善は、新たなものに取り替えるのが一番多いケースだ。

浴室は、夏の入浴は気持ちよく入れるが、冬の寒い時の入浴は、浴室の寒さや床面の冷たさに気が重くなる。新しくする時は、現時点ではほとんどがユニットバスになる。大きさも各種あり、大抵の住宅で付け替え可能である。浴室の窓は塩ビ製のペアガラスで、小さくした方がよい。場合によっては窓はなくてもよく、窓からの換気は考えないで換気扇使用が理想だ。寒い冬の入浴は、健康を考えれば暖かい環境での入浴を心がける。

また浴室は、水廻りなので建物下地が腐食して傷んでいることが多い。下地改修、配管等の設備工事が伴う場合があるので、浴室は全面工事になることを念頭に置いておく。今はユニットバスがお勧めだ。建物も傷まないし、使用中の転倒事故等にも安全度が高い。

入浴の衛生面を考えれば、給湯式を勧める。追い焚き循環方式は不衛生だ。浴室の掃除をしても、循環式は循環管内の掃除はできない。サルモネラ菌等の問題もある。循環式を利用する人は、よく「燃料が勿体ない」と言うが、燃費は給湯式より余計にかかる場合が多い。

それに、湯船に湯を溜めておくことにより、浴室内、脱衣室等の湿度が高くなり、カビ等の発生により汚れがひどくなる。掃除をすることや早期にリニューアルのことを考えれば、給湯式が経済性と衛生面で使いよい。また、いつまでも長い期間綺麗に使える。

給湯式の入浴の方法は、次に入る人は先に入った人が使った分の湯が減っているので、熱い給湯で減っただけ足せば適温になる。少し溢れ気味にすれば、湯面に浮いている湯垢等が流れて、綺麗な入浴になる。

燃費も安く上がる。循環式は湯が冷めるのが早い。追い焚きする時のボイラーが、火の入ってない時は逆に冷却装置になるからである。実際、給湯式の浴槽の湯は朝になっても微温30℃程度を保っているが、追い焚き式の浴槽の湯は水の温度に下がっている。

トイレの工事は、便器、洗面器セット等の改善が進んでいる。床下配管排水工事に関わるため、カタログ等で早めに仕様を決める。便器は、現在は洋便器が主流である。高齢化社会において、洋式便器の温水洗浄便座は、今は100％の人が選択すると言える。衛生面、使用面で優れている。

これらの改修計画は、別の修復見積もりに関わりを持つので、早めに決定する。改修工事は、規格品では収まらないことがあり、その場合は規格外発注となるので、製作経費や日数がかかる。

また、長期使用と高齢化を考えればバリアフリー、安全手摺等も仕様に入れてもらうとよい。地域によっては福祉補助金制度等もあるので、役所で調べるとよい。

内部プラン計画の協議と変更について、これは大切なことである。よく自分でプランを立てしっかり製図までする方もおられるが、現実は、構造的にそのようにできない場合もある。思い通りにいかない場合に不満が残ってはいけないので、最初に工務店等に自分の希望を述べ、プランニングしてもらうのも一つの考え方だ。相手の力量もわかるし、自分の考えていたのとは違った観点から、納得のいくものができる場合もある。

中古住宅は、他の人から手に入れた場合、前に住んでいた人の住宅仕様プランであるので、それに合わせた住生活を求めるか、それとも自分達なりの改革に臨むのかによって、改修の内容が変わってくる。結果、工事計画が大きく変わる。

本来、住宅のリニューアル改修とは、古い家を新しく建てた当時と変わらぬようにリフォームするか、建物のプラン変更を目指したリノベーションをするか、改修、改善は大きくは二通りの工事がある。全面改修の終わった家は、まったく新しい家と変わらないので、価額差も新築住宅と大きく変わらない。

繰り返すが、アメリカ等では、住宅販売の九割近くが中古住宅なのである。古い住宅か新しい住宅か、プロが見てもわからない仕上がりは、その性能と居住性も新築と変わらず、しっかりした改修は耐久性も増大する。外国で住宅が百年、二百年と利用できるのは、リニューアル改修が頻繁にあるからだ。それは、自分の財産である家の価値を守るためである。

10 内装仕上げ、内部インテリア

内装の仕上げ材料には、石張りや板張りの内装用建材や、クロス張り仕上げや塗装、漆喰壁調仕上げ、京壁調仕上げ等がある。

インテリアはトータルで考えることが大切なので、内装仕上げには、後から付けるカーテンの色彩まで含めて考えねばならない。あまり多くの色は使わず、二色か三色でまとめれば、嫌味のないインテリアになると思う。

また、最近多い仕上げ材には、クロス張り仕上げがあり、その組み合わせにより様々な居住感覚、環境が得られる。

貴方の個性ある希望のインテリアも望めるが、それらは概ね内装仕上げのための下地工事ができてから選んでもよく、形の整い方によってイメージが湧いてくる。

クロス仕上げや塗装仕上げの色彩の材料は数多くあるが、時によるとその在庫がな

不燃材（プラスボード12.5㎜厚）による内装仕上げ下地工事

い場合があり、材料を求めるのに日数がかかる場合がある。

板張り石張り等の場合は、下地の段取りがあるので早期決定が求められる。また、暖炉の設置等にはさらに早い決定が求められ、設置箇所の協議と決定が重要である。

11 住んだままの改修

住んだままでの改修は、できるだけ避けた方がよい。発注者側も施工者側も大変だ。気遣いと施工経費の増大となる。

不便を分け合って住んだままで改修する場合は、発注者側は精神的負担と気遣い、不便さ、工期が長くなること、そして工事経費負担増は避けられない。

特に冬季は避けなければならない。入浴、洗濯、便所、食事、防犯等、工事中の問題点が多い。

それでも住みながら施工したいという場合は、二階建てならば、一階と二階に工事区分を分けて進める等、施工計画をしっかり立て、常に打ち合わせが必要になる。できること、できないことをお互いにはっきりと打ち明け、予定を立てる。

リノベーションは小さくても組織力のある業者がよい。力のない工務店では、早急の打ち合わせ対応ができない場合が多いので、発注先をはっきり見極める。作業が細かく、現場の状況により急きょ変更もあるので、その対応ができるかにある。

ただ、組織が大きいから優れているとは限らず、現場管理者の能力が問題となる。工事の進行は早めに進める。何か予期しない障害があった時の対応は、早い方が調整がきく。気象条件等による思わぬ事態にも、対応できるかが重要になってくる。

12 工事契約の注意点

改修工事の見積もりは、着手しないとわからない点もあるので、推測での見積もりとなる箇所がある。

予想以上の傷み（漏水等で木材等を腐食させていた場合等）があった場合や、改修部分に電線、電話等の配線があって移動しなければならない場合があり、その場合は予想外の追加工事となるため、予備費を見ておくことも必要と思われる。

また、見積書の中身については細かくよく調べ、わからないことや、自分が指示した工事が見積もりの中に入っているか、別途工事か、よく確認しておく。

リノベーション工事は新築工事と違って、できている家の不良部分、傷んでいる箇所を修復改良するため、新しく造るより大変な仕事となる。そのことは理解しておかなければならない。

第3章

改修工事着手

1 床下工事と設備配管

一階部分の床下工事は、狭い場所での工事になるで、思いの外に大変である。家が完成してしまってから床下に潜っての作業は困難なので、設備工事、床下工事は共に施工することになる。

設備配管は、取り付けられる床上の機器によって、配置、配管になるので、設置機器の選定と配置は早いうちに決定しなければならない。

床下が湿気るのを抑えるための防湿コンクリートを施工するなら、既存床板をはがして施工しなければならない。住宅の床下は低く、後からの施工はできないことが多いので、先行してやらねばならない一番の難工事となる。

耐震振れ止め、防腐、通気、断熱、配管——これらの工事は、建物の高寿命化を図りながら高性能を求める大切な工事である。

リノベーション前の床下の状態

床下から発生する土息（水蒸気）の発生を防ぐための
防湿コンクリート打ち込み

防湿コンクリート打ち込み、配管後、床板張り

床下換気口（アメリカ製）
記憶合金の性質を活かした自動開閉装置

配管工事は、コンクリート内に埋め込まない。将来、修理工事が出た時に、簡単に改修ができるように、土間の上に転がし配管露出でよい。但し、保湿、防露工事はしっかりやる。

換気口は、自動換気装置付きの床下換気口を使う。前章で述べたが、形状記憶合金による開閉で、値段もそれほど高くはない。夏は開いて床下の通気をよくして湿度を下げ、冬季は完全に閉鎖し、床下を冷やさないことで省エネルギーに繋がる。年間を通して床下換気の気遣いがいらない。

床下の湿度が高いと、床板や畳等が湿気るため、熱の伝導を高め、その他の木材の結露に繋がる。床が乾燥していると断熱効果は高い。湿気ているとその水分で熱の還流が高まり、建材や畳等も冷たくなる。

床がよく乾燥していると、畳等は重みが軽くなり、いくらか収縮してくるのでわかる。新しい畳が入れた時のままの状態をずっと保っている場合は、見ようによっては床下が湿気ている証拠と言える。乾燥して畳間に隙間ができた時は、室内乾燥化は良好である。表替え（畳の表面の茣蓙を変える）をすれば隙間はなくなる。その時は、畳は新床にはしない方がよい。乾くとまた詰まる。乾燥した畳は断熱性も高まり、温かい感触が得られる。

2 改修で一番大切なのは断熱工事

窓廻り、断熱材の選択は、工場や研究所での試験データに惑わされないようにしなければならない。建材等は、その時の検査データだけで認定許可しており、長期的な性能維持、耐久性は見ていないからだ。

長期的に性能維持ができる断熱材は、今のところ、世界で使われているグラスウール製品が安定している。建物の外面は、透湿防水シート（タイベック等）張りがよい。内面はビニールシート等で空気の流れを遮断することが理想である。

スタイロホーム、スチロール等の石油製品の断熱材の中には、経年退化により収縮するものがある。また、シロアリ等の虫害に弱く、三年間で断熱材が食害にあい、断熱材そのものが消滅していたこともある。長い期間の性能維持ができない石油系の断熱材は、燃えやすくもあり、火災時の一酸化炭素中毒での死亡率が高く危険が多い。

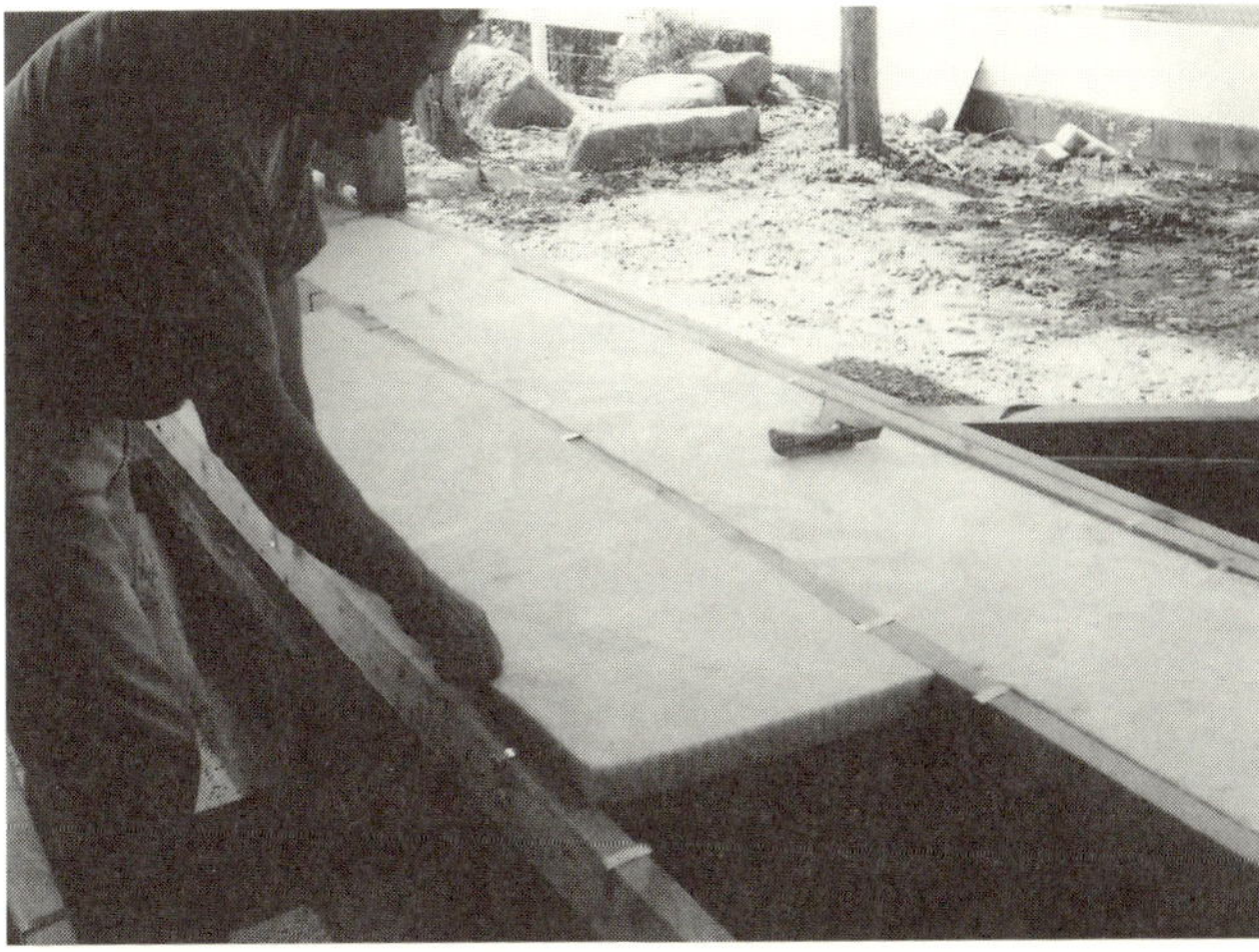

グラスウール断熱材の床施工

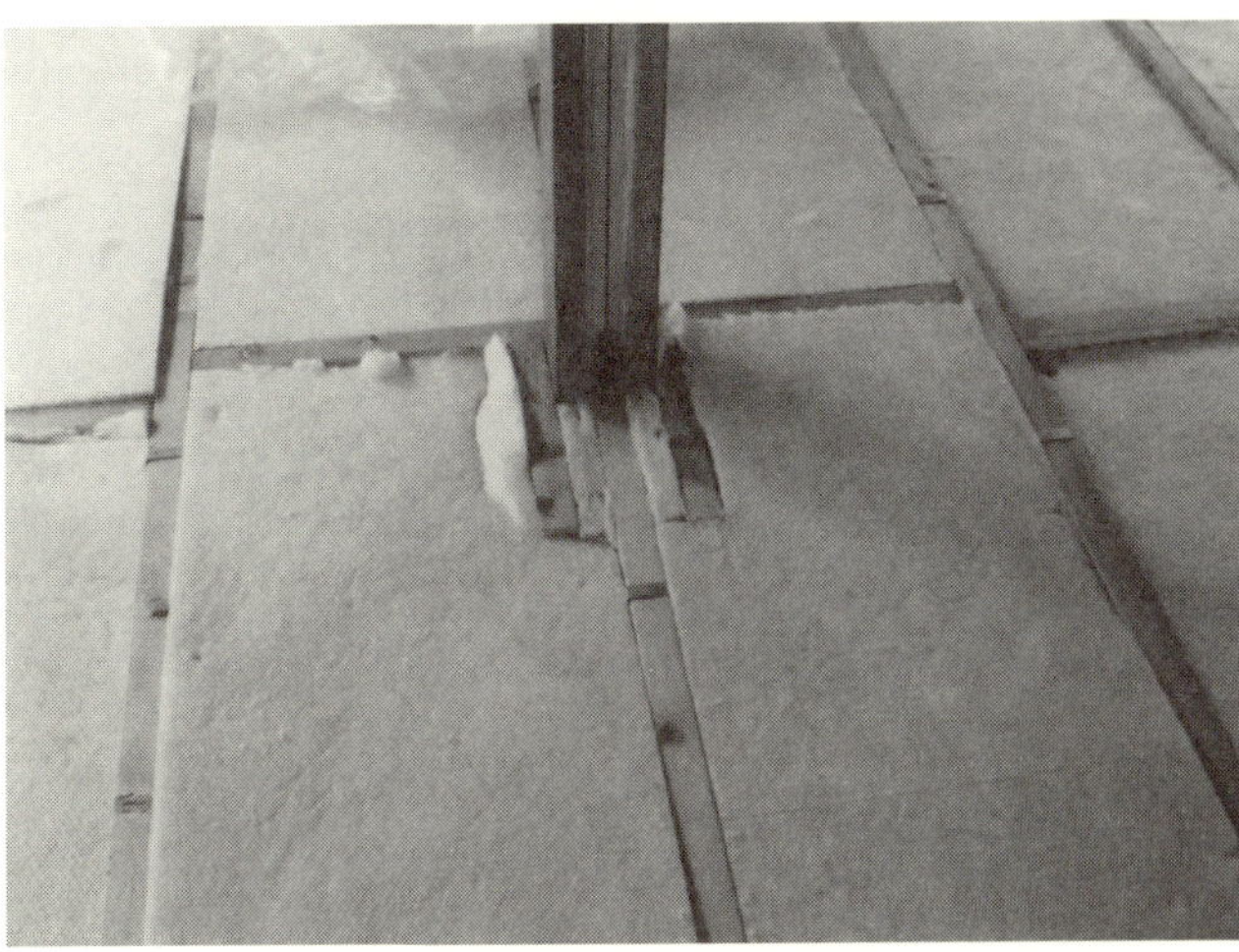

小さな隙間もあってはならない

グラスウール断熱材はガラス製品。無機質で燃えることなく、長い期間安全である。グラスウールやロックウール断熱材には、床用、壁用、天井用があり、品質もランクがあるが、適材適所の使用箇所による施工が大切。これらのことをよく理解した施工業者の説明を受けるとよい。

3　窓サッシュの改善

既存のものがアルミサッシュであれば、できる限り取り替えることを考えた方がよい。他の箇所を改修しても、サッシュがアルミ製のままであれば、修復の意味合いが少なくなる。

できる限り結露のできない省エネサッシュが、これからは主流になる（アルミサッシュに塩ビを被覆したアルミ製品があるので注意）。

欧米系のサッシュである木製や塩ビ製のペアガラスサッシュは、抜群の性能だ。マイナス40℃の世界で使用している製品を強くお勧めする。工事費はかかるが、アルミ製の二重サッシュや雨戸取り付けを計算すれば、それよりも安くなることがある。この工事だけは避けてはならない。住宅の長寿命化を長い目で見れば、大きな利益に結び付く。

4 水廻りの機能重視と冷暖房

住宅内生活に直接結び付く水廻りの機能と、冷暖房による室内環境維持設備は、第一に考えなくてはならない。

前章でも申し上げたが、大切なことなので重複する。ユニットバス設置については、追い焚き式は付けない方がよい。多くの人は、「給湯式は燃料費がかかって勿体ないから追い焚き式にした」と言うが、追い焚き式の方が意外と燃料費がかかる。

追い焚き式は、水を浴槽とのボイラー間で循環させて加熱する。循環式ボイラー内部は、汚れてきても完全な湯垢等の除去ができない。したがって、浴槽の湯は雑菌等の危険に晒され、完全な綺麗な湯は望めない。特に幼児のいる家は、絶対と言っていいくらい避けるべきだ。

掃除のできない給湯管内やボイラー機器内の湯垢の除去ができないと、細菌の発生は避けられない。時には、掃除をしたのに湯垢の塊が出てきて、綺麗にしたはずの浴槽が汚れることもある。お客さんが使った時等も困ることがある。

給湯式は、使う時だけ湯を浴槽に張って、終わったら湯を抜くのが理想。何人かの人が後から入る場合は、ボイラーの給湯温度を高めて、追加給湯で湯加減を調整して使う。この方が燃料費の軽減になるし、いつでも綺麗な湯で入浴できる。

冷暖房は、夏はクーラーが必要だが、冬は灯油ボイラーによるセントラル・ヒーティング方式の暖房の方が、経費的に安くて理想的だ。灯油は電気熱量の四分の一程度のカロリー価格。綺麗な循環熱で屋内全体を暖め、適正な環境の中で衛生的な生活を楽しむことができ、燃料費が安い。工事費も床暖房方式とは違い、比較的安くできる。

セントラル・ヒーティング方式は、高温水を循環させて各室に熱の伝導をし、小さなファン・コイル熱交換器で、部屋の空気を循環させながら放熱する。この方式だと屋内の空気を汚すことなく綺麗なままのエアー循環暖房となり、無駄のない室内環境が得られ、暖房コストも大きく下がる。

セントラル・ヒーティング方式を採用した室内
室内温度 20℃の 24 時間自動管理体制だが暖房費が改修前の 1/5

リビングはできるかぎり広く

空気を汚さないので換気もあまり考えなくてよい。換気は、部屋の広さにもよるが、手洗いに出入りする程度で充分と言われている。また屋内全体の換気については、アメリカ・カリフォルニア工芸大学の講義で、その家に住む人が一日三回、家を出入りするだけで、換気は充分だと聞いた。

日本の二十四時間換気の義務化は、何をもって設定したのか……不思議な国だ。マイナス40℃の世界の住宅に住む人には、一時間二分の一回転の換気義務付けも理解できないだろう。地球温暖化時代を声高に唱えながら、エネルギーの無駄遣いを奨励義務化しているのだ。

欧米のマイナス40℃の世界の暖房は、ほとんどがセントラル・ヒーティング方式だ。世界有数の地下資源国でありながら、真剣にエネルギー・コストに視点を置いている。但し、セントラル・ヒーティング方式の暖房は完全なる住宅の高性能化が条件となる。

経済格差の大きい我が国も、一時、住宅の新築ブームがあったが、最近はリノベーションの声が高くなってきているのも、ランニング・コストに視点が向いているのではないか。

5 ランニング・コストを抑え、良好な環境維持を

ランニング・コストを抑えることは、建物の長寿命化に繋がる。断熱工事による高気密化は、結露現象を防ぎ、建物の耐久性能を高める。

ランニング・コストを抑えた住宅は、その家に住む人の新たなる生活の場となり、次世代の人達にも求められ、地球温暖化対策にも前向きに協調することになる。

ランニング・コストとは、継続して長い年月を維持する、様々な住宅維持経費のことだ。暑さ寒さを凌ぐための電気代、燃料代は一番大きい。さらに上下水道代、住宅損害保険代（省令準耐火、準不燃の構造に合致すれば、古い家でも保険料は安くなる）等、ランニング・コストの軽減は住生活の基本である。

古い住宅が、リノベーション改修によって何故百年住宅になるのか――。

住まいに使われた木材は、結露のない乾燥した状態ならば、何年経っても腐食はない。住まいの湿度を抑える（理想の湿度50％前後）ことができるしっかりとした改修をすれば、その住宅は貴方の人生の存在を刻んだまま百年住宅となる。

生活環境に合わせた室内温度と湿度の適正化の元に、後世に残る貴方の住まいは老朽家屋ではなく、深い慈しみを持った歴史的価値ある文化住宅となり、次の世代に引き継がれていくだろう。

国でも、「長期優良住宅の普及の促進に関する法律」が施行され、年々改正も進んでいる。これらにより、日本の住宅も欧米諸国の歴史ある住宅と同じになっていくことだろう。

現在、わが国においての中古住宅の空き家の氾濫は、わが国民の人口減だけが原因ではない。溢れ残る中古住宅が現代人の求める住宅環境と魅力を維持していないからである。欧米人の住宅のような、生活環境に対する性能を持ち合わせていないため、中古住宅は敬遠されている。

社会に出た子供達が求めるような住居環境（家族間プライバシーを含めて）を考え

て、リノベーション改善ができていれば同居も可能になる。また、他の世代が買い取り活用することも多くなり、中古住宅空き家は少なくなる。

6　エネルギーの価格

一般家庭で消費するエネルギーの価格は、カロリー当たりの計算をしなければならない。

電気、ガス、灯油、石炭、薪、炭――これらの燃料は、それぞれが持っている性格も違うし、燃料から生じる熱、カロリーも違う。各燃料の持っている熱量カロリーの違いは大きい。本来ならば、燃料は1カロリー当たり幾らと表示されてもよいと思う。各燃料を燃焼カロリー値で表し、目安として計算すると、大きな差があることがわかる。

私も専門ではないのと地域差もあると思うが、灯油を基本にしてカロリーで考えて私観で表すと、電気代は灯油の約四倍（深夜電力は安い）、ガス代は灯油の約二倍、薪代も灯油の二倍程度と思われる。

ガスは都市ガスとプロパンガスがあるが、都市ガスはカロリー値が低いと考えるべきで、プロパンガスの約二分の一のカロリー値である。よく「プロパンガスは高い」と言う人がいるが、カロリー単位で計算すると大きくは変わらない。むしろ、地震国日本、地震一つで国民全体が大きな影響を受ける土地柄を考えれば、埋設されている都市ガスのガス管の損壊により、災害時には大きな危険を伴い、事故後の復旧までの時間の長さを考えれば、都市ガスが良いとは言い切れない。地震国日本に都市ガスの集中的供給は理想と言えるのか疑問が残る。

その点、プロパンガスは個々の施設に個別容器にて供給されるので、災害時は個々に処理できる簡易性がある。急を要する復旧工事も簡単にでき、災害後の家庭生活体制復旧も早い。

これらを考えれば、どちらが良いのか考える余地がありそうだ。安全第一を声に上げるなら何をするべきか、政治家に物申すよりも、自分の考えが大切である。

7 内外装の仕上げ材

リノベーションやリニューアルの場合、大きな住宅販売会社の新建材・造作材は、工場で加工したビニール被覆仕上げが多く、数年経つと日焼けや脱色等の問題が起こる。何年か経ってくると、新築当時の建材は柄も変わるし色も変わり、さらに年数が経つと、取り替えたくても同等品はなくなるし、簡単に取り替えはできない。自然木材ならば塗装で新品同様の模様替えになるが、新建材・造作材は元々の素材が違うのでこれもできない。

時を経ると同等品を探すのが大変難しくなるのは、建築工事の仕様は住宅メーカー等により時代の変化で変更され、旧い建築材はメーカーの都合で製造をしなくなるからだ。

欧米では、百年以上経ってもベーベルサイディングやセンターサイディング等、レッドシーダーの外装用製品が今でも健全として使われている。自然の中から生み出された建材は離れ難いものを持っている。模造品の新建材は時間が過ぎると飽きてしまい人気がない。喜ばれるのは短い期間の新しい時だけだ。

住宅生産は工場生産化、プレハブ化が進み、大手住宅産業界の営業攻勢、コマーシャルの氾濫に現代人は惑わされ、自ら学ぶことなく、生涯の住宅を選択してしまっている。住宅会社は、見た目だけの実のない宣伝費に多くの資金を注ぎ込み、その宣伝が、日本人を住宅本来の基本に近づけさせないでいる。

建築業界においては、日本人特有の技能が低下し、今の業界は技能者不足で、全体的に味のない簡易な施工方式となっている。当然、内外装材は高度な技術を必要としない建材で溢れ、工場生産の化粧材が多くなり、何処に建つ家も基本的に変化はなく、個性ある住宅はあまり見られなくなった。

独自性のある意匠や文化的な家屋は少なくなり、工場生産化がマイホームの癒し環境の意味を薄れさせ、数百年維持できる趣のある住宅はほとんど見られない。

リノベーション前の外観（アルミサッシュ、モルタル仕上げ）

リノベーション後の外観（塩ビサッシュ、ベーベルサイディング仕上げ）

次に来るリノベーション改善に向かって、できるだけ余計な経費のかからない方法を選択し、旧構造材等を活かして、趣のある修復をし、塗装工事等でリフォームができるようにすることも念頭に置くべきだ。

今、多くの住宅メーカーが使用している塩ビ被覆の建材は、リノベーションをするにしてもリフォームにしても、同等品の入手が困難で、一部交換は一般的には不可能に近い。元々自然材であれば、塗装等で新しくなる。

アメリカでは自分で内外装の手入れをする例が多いが、簡単にできるような外装仕上げや内部インテリアの変更は、衣装の買い替えのように簡単に考え、住生活のイメージ変革を行い、家庭生活を楽しみながら、家族の精神的環境意識の革新を進めている。

古い技能の伴う仕上げも、その家の品格を表すシンボルになることもある。

8 発注先はしっかりした業者に

リニューアル改修作業にはマニュアルがない。少し高くついても、安心できる業者を選択することは大切な作業である。

よく、訪問営業に口説かれて、床下換気、シロアリ駆除や屋根の塗装工事等を発注される方が多いが、床下のシロアリ対策に床下換気扇の設置を勧めるような売り込みや、屋根や外部の塗装工事の勧め等、安易な発注は悔いが残る。

床下防虫・防蟻は、必要な箇所をしっかり施工するのは簡単にはできることではない。床下に換気扇を何箇所も入れて換気すると言っても、換気扇をずっと回していたら、雨の日の湿度の高い外気等、湿った空気も床下に誘い込むこととなり、結果、何のための換気か意味がなくなる。それに、この書で力説している、ランニング・コスト、電気代の増大に繋がる。

塗装工事にしても、責任ある業者は、屋根の種類、下地の補修、その場に適した塗装材料の選択等により、耐候性に優れた施工が保障責任付きでできる。

責任ある施工会社は、後で苦情を受けないような責任ある工事をする。常に結果保障を念頭にしている。手抜き工事は後のアフターケアでマイナスになるからである。

安物買いの銭失い、昔から安くて良いものはない。

訪問受注業者への発注は、簡単で世話がなくてよいのだが、見知らぬ訪問販売業者に依頼する一時だけの利便性にひかれ、その場限りの営業活動で運営する訪問販売への発注は要注意。粗悪な施工に安価な塗料、完成した時は綺麗に見えるが、二～三年で剥離や縞模様等が起こる不良工事は、気が付いた時は会社の所在、営業所の存在が不明では文句も言えない。何年間と責任の持てない施工会社は、知識も技能も責任もなく、口先だけが上手な営業活動業者である。事務所、営業所等、自分の目で確認する必要がある。

9 見積もりと契約

見積もり依頼に際しては、施工に関する全ての見積もり契約価格と共に、工事の時期と期間をしっかり決める。

例えば、屋根の塗装工事では、それに伴う足場工事、塗料の下地の水洗い工事には、隣家への汚水飛散防止策、工事場所の片付け清掃、残材処理まで細かな見積もりが必要だ。工事の時期、期間の曖昧さもトラブルの元になる。地震、台風時の現場の処理と対策も聞いておくことが大切だ。

事前に払う契約金は工事内容による。現場作業だけのような期間が短い工事なら、工事金の一割程度でよいと思うが、工事進行状況によっては中間金を支払うことを考えねばならない。工事金の大多数が人件費だからである。そして、契約金は払う前に事務所の確認ぐらいはする。

また、大きな改修で、工事の進行を順調に進めるために、サッシュを含めた設備機器材等の事前発注をしなければならない場合がある。例えば断熱サッシュやユニットバス、キッチンセット等の業者、外注物件がある。そのような場合は、機材の見積もり価格に合わせた前金が必要になる。と同時に、発注したら変更ができなくなるので、間違いのないように確認する。

リニューアル施工業者が一番困るのが、直前変更により、既に発注済みの機材が使用不能になることだ。現物処理問題等で別途に請求が起きる。事前打ち合わせをしっかりと。

10 責任の持てる施工管理者がいるか

工事を発注する施工会社側の現場施工体制は、施工技術者（職方）の施工上の問題より、管理者の責任問題が重要である。現場を見て適正な作業が進められているかの確認は、現場管理者の目にかかってくる。

リニューアル工事は、ほとんどが現場施工となる。仕上がりに多少の瑕疵や不行き届きの所があっても、許せる範囲で使用に差し支えなければ認めねばならない場合もある。リニューアル工事は新築家屋とは違い、補修工事が難しい所がある。それほど目立つこともない場合は、もちろん管理者と話し合って対処してはもらうが、難しい作業は容認する寛大さが必要である。

業者に対し、不満があれば率直に管理者に言う。しかし、大切なことは、よくできた所は褒めることである。良い所を褒められると誰でも嬉しいもので、職方等は「この人は仕事がわかる人だ」と、さらに作業に注意するようになり、褒められる仕事をしようと真剣になる。取引相手に対して一際厳しくなる人もいるが、嫌われてメリットはない。

現場管理者は、現場工事の経験豊かな年配者に良い人が多いように思う。技能は経験の積み重ねであるからだろう。

11 リノベーションで思い切った改革を

リノベーションでは、幾つかの部屋を一つにして、活動性のある広いリビングにしたり、古い部分の一部をインテリアとして残すなど、貴方の持っている優れた感覚を活かすべきである。内装仕上材に白然木の年輪が目に付くような個性ある住まいを造るのは楽しいものだろう。

貴方の後にその家に住む人が、生活の中で先住民の貴方と声のない会話を重ねる。貴方の夢はそのまま次の世代に引き継がれることになるだろう。

次に考えるべきことは、自身の老後のことである。若き時代の素晴らしい時も、年月と共に変わり、自身の生き方、考え方に変化が出てくる。全ての面での充実した感覚と共に、自分の生涯を振り返りながら、高齢化社会に生きる準備も大切である。

現代の高齢化社会は、福祉社会と言われ、施設の充実に大きな不安はないかも知れないが、現実、精神的な不安がないわけではない。高級な施設に入れたとしても、動きの儘ならぬ身体に、新たな人達との交流の機会も少なく、親しく会話のできる馴染みも希望もない。来るべき日を待つだけの毎日に夢はない。

少し不自由でも、在宅ケアを受けながら、若き時代の垢の沁みた家、子育て時代の涙と汗の滲んだ我が家、一人になっても懐かしい思い出が一杯に詰まったその家で過ごすことは、どのような施設でも感じることはできないものを持っている。

その家自身も、貴方達と共に生きた思い出を抱いて、さらに貴方との生活を望んでいるはずだ。最後の別れまで貴方と繋がりを持って生きたい……と、貴方のお住まいも思っているだろう。そして、貴方の住まいに対する思いは、次の住人に貴方の優しい心を伝えていくことだろう。

その日のために、貴方のリニューアル改修は、貴方の心のままに愛を込め、老後の生活に支障がないようなプランニングを求めるべきだ。

優しき家は、寒暖の憂いなく、バリアフリーの活動のしやすいスペース。離れ難き思い出と共に、長い付き合いを持った、連れ合いのような良き環境を持つ、そんな貴方の家が、後世の人々にも愛されながら使われることが、私の住まいに対する夢である。このような夢を描きながら、この旧き住まいに夢を托そうと思う。

　私達には先がないから、今更お金をかけてもしようがない……と、自分のただ一度の大切な人生を投げてしまってはいないだろうか。終の棲家こそ、貴方の集大成かも知れない。貴方の納得のいった生きた証を後世に残す、大切な住まいとなるかも知れない。

　それらと共に、次の世代が住むことになるその住宅が、若い世代に受け入れられるプラン、仕様となっているかも知れない大切な要素になる。

　今まで住んでいた古い住宅が、リノベーションによってまったく新しい住宅に生まれ変わり、私達の人生に新しい空気を送り込む。ともすると短き期間になるかも知れないが、悔いなく恵まれた納得のいく人生を送るためには、良き伴侶と良き住まいに恵まれることにある。

　我が人生と共に、貴方自身の生涯の終末に幸多かれと願う。

多くの小さな間取りをリノベーションによって
大きなリビング、キッチンに

リビングより見たキッチン

12 実際の施工例

日光市内で、昭和四十二年に在来工法（日本従来の木造建築）で建てられ、四十七年ほど経った家を買い取った松山様（仮名）から、住宅の建て替えを依頼された。早速、建物を見せて頂くと、見た目は古いが建物の骨組み等はしっかりしており、解体して廃棄物にするのには勿体ない建物だったので、

「この家、リノベーションしませんか？」

と話したところ、

「この家は純和風で、これから歳を取ると不便になるし、イメージも暗く感じて気が向かないので、建て替える心算で買いました」

とおっしゃった。

しかし、リノベーションと新築工事費の差や、中古住宅でもしっかり改善すれば、

新築住宅より何倍も長持ちして、新築プランと同じ近代住宅になると勧めて、リノベーション工事となった。

この家は一五〇頁の図①のように平屋の家であったが、新しい改善プランは図②（一五一頁）のようになった。柱の減少と共に、耐力壁の配置により構造耐力を増しての改造は多少苦心したが、和風のイメージは消え、松山様も納得されたようだ。外観は屋根をリニューアルで残しての工事であったが、まったく新築家屋同然。内部も間取りを変更し、設備機器も変更により、高性能の新築住宅に変わった。既存より柱が少なくなった分、外壁下地に構造用合板活用により耐力壁を強化。既存の梁丸太や桁類を撤去。ツーバイフォー構造材と鋼材を用いて、トラス工法の仕法で支えた。部分的に必要とあれば、鉄骨補強をすることもある。様々な技術で屋根構造を支えて、耐力を維持している。

また、一五二～一五三頁にあげてある写真は、リノベーション工事を施工した時の実際の写真である。昭和四十二年建築の純和風在来木造住宅の細かく仕切られた部屋と廊下は、四十坪の広い住宅なのに、生活住間としては何れも狭く感じ、開放感のない使いにくい住まいとなっている。各部屋は、照明なくしては暗く、陰気な雰囲気を生み出している。

外廻りの開口部は欄間付き掃き出しアルミサッシュで、一見明るいようだが、冬の住宅内の気温を氷点下に下げ、暖房用燃料の浪費を削ることはできない。冬の朝方等には、結露によりアルミサッシュが凍り付いて動かないことが度々起こる。また、開口部が広いのに、家の中は極めて暗く感じる。

リノベーション後は、耐力壁を確保するために開口部は小さくなったのに、暗さは感じない。ペアガラスの塩ビ製サッシュ（カナダ製で国内組み立て）は、外気温がマイナスでも、暖房なしで13℃の室温を保つことができる。屋外燃焼の石油ボイラー・ヒーティング方式で清浄な室内環境を維持しながら、室内の開放感と照度を保っている。

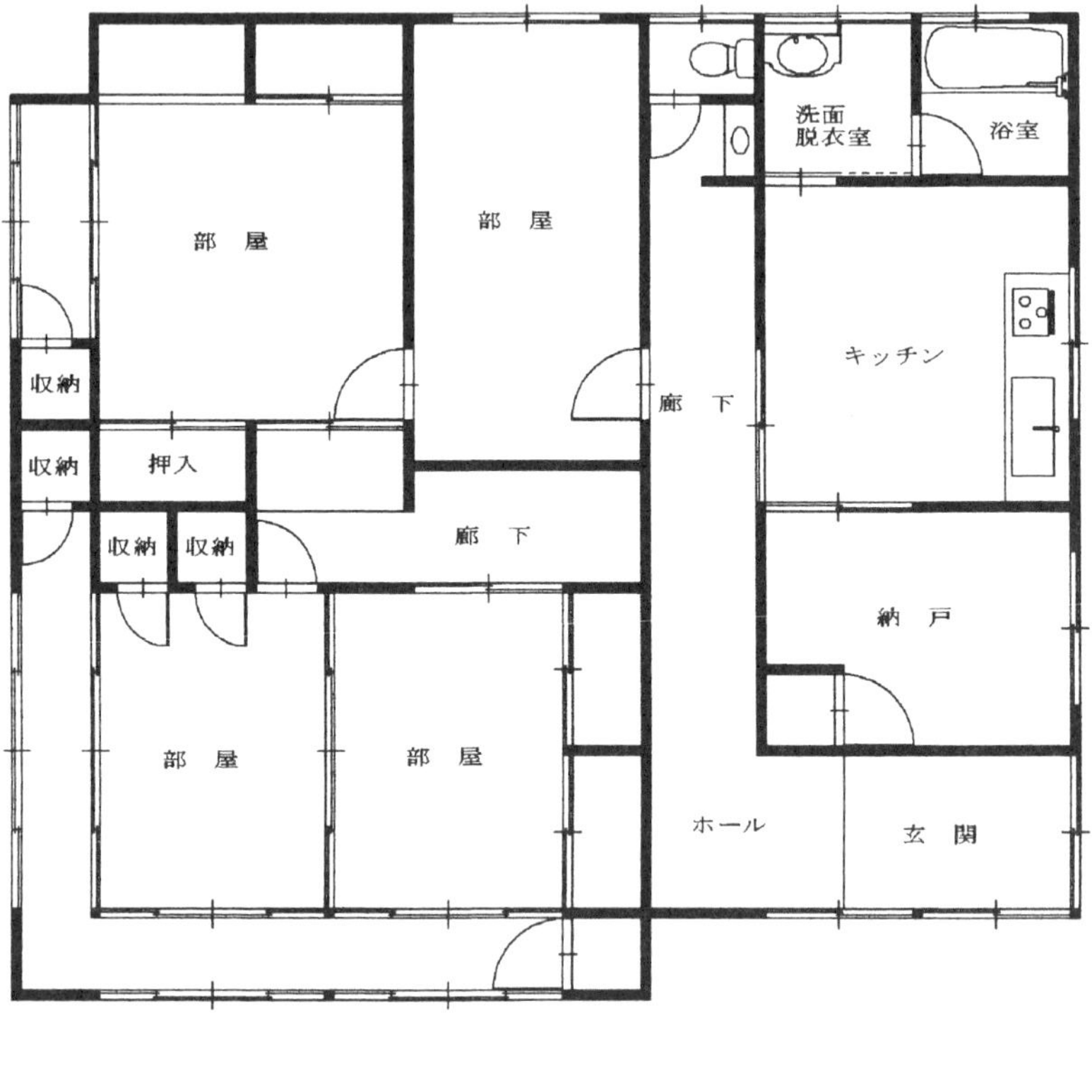

図①　改修前

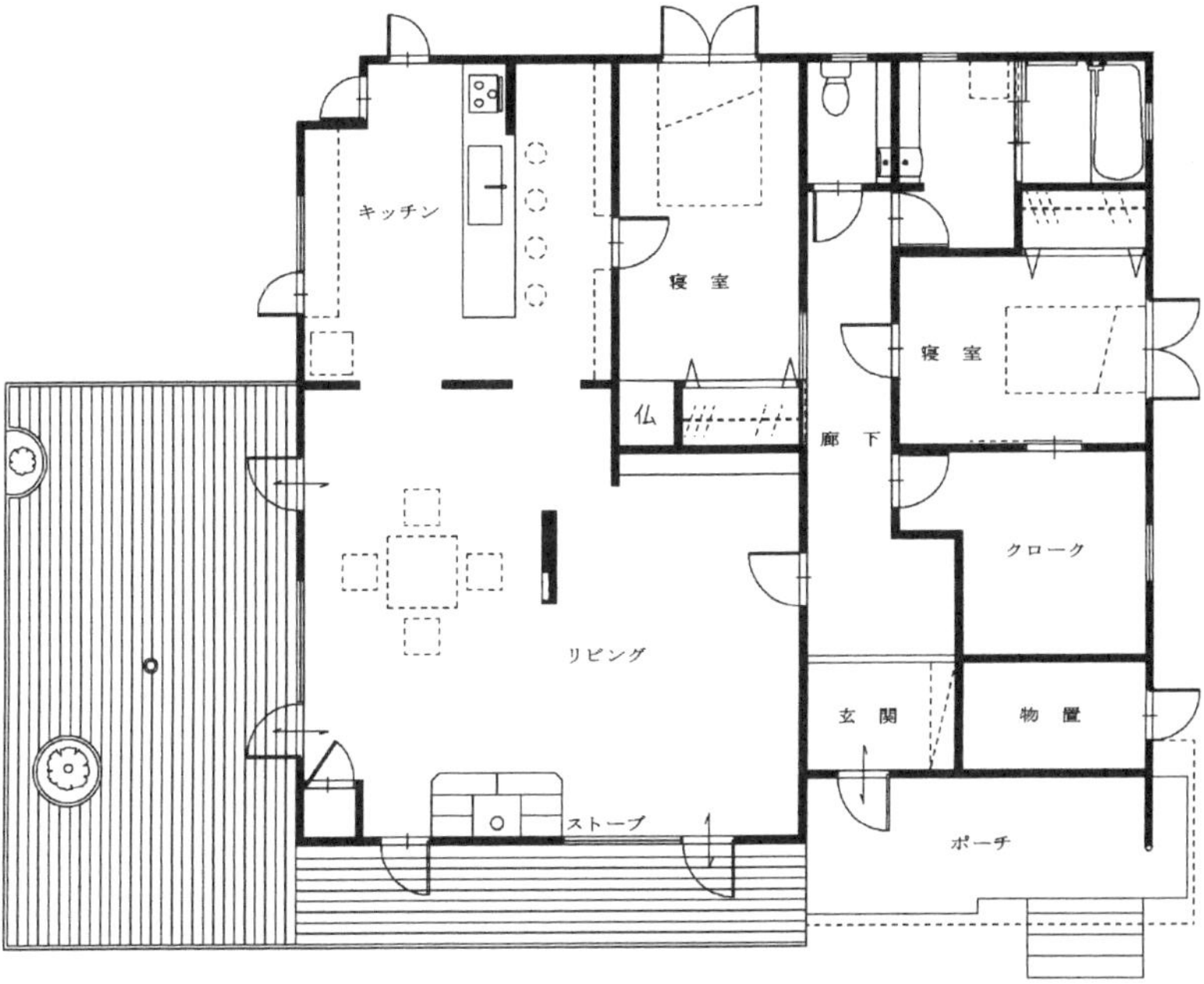

図②　改修後

リノベーション前の室内

リノベーション前の床

鉄骨を使った桁部の補強工事

床の断熱材を施工中

リノベーション工事は、最初に床板、床根太を全部取り除き、床下防湿のための防湿コンクリートを敷き込み、床下から発生する土息（土から発生する水蒸気）を抑えて、床下の乾燥化を図る。

また、日光の冬の寒さを考えて、自動開閉床下換気口を取り付けた。繰り返しになるが、アメリカ製品で形状記憶合金によってできている自動開閉装置（一一七頁写真）である。日本にも手動で開閉する床下換気口はあるが、多くはその存在を忘れて開閉は使われていない。夏、冬を通して、床下の保温と換気は大切だ。

床工事に入る。一尺五寸（455ミリ）間隔の根太は、ツーバイフォー材を使って4×4の大引きで受ける。床用グラスウール断熱材を取り付け、15ミリの構造用合板で平行耐力を造る。それから耐力壁線の確保と屋根耐力の強化はコ型鋼材で、梁補強は技術が伴う。耐震耐力を確認して造作工事に入る。

床工事は、今までの根太、大引きを撤去して、土台となる木材の強度を確認後、防湿コンクリートは10センチ厚にて平滑に施工。土台高さを調整して、全室バリアフリー化する。グラスウール床用断熱材を施工、構造用合板で、仕上げは無垢の床材（厚さ15ミリのオーク材）7センチ幅四方サネ、乱尺仕上げの下地とする。下地の構造用合板は、市松張りにより床の構造耐力を増強している。外壁を構造用合板で固めて耐震性を造る。

サッシュの取り付けに入る。今まで南と東側は、掃き出し欄間付きアルミサッシュ。今回は概ね窓高さを2メートルまで上げ、60センチほどの腰壁を取り、フィックス窓で気密性と採光を大きく取った。開口は少なくなっても暗さはない。

今回のリノベーションでは、カナダ製品の塩ビサッシュ、組み立ては日本に工場があり、国産塩ビサッシュとは性能に違いがあるのでこれを使用した。輸入される塩ビサッシュは、輸入木製サッシュとほとんど変わりない性能を持っている。厚いペアガラスがそれを物語っている。

一番大切なのは断熱工事。当然、グラスウールの断熱材を使用する。大壁の外壁に100ミリの断熱材を押し込むように取り付ける。壁内や天井の電気配線は断熱工事と共に行う。グラスウールの不燃断熱材は、壁内配線や天井の照明器具付け、特に埋め込み器具は熱を持つので、不燃断熱材が必要になる。屋根裏へ熱が逃げないように

リノベーション前の庭側

リノベーション後の庭側

して、燃えないグラスウール系かロックウール断熱材でないと火災の心配がある。断熱工事は照明器具の間の小さな隙間でも手を抜けない工事だ。

設備配管は床下転がし配管。凍結の心配はないが、断熱被覆工事は必要。

オーナーの松山様の知識は高く、内部インテリアにも気が抜けない。一部大谷石張り仕上げや、輸入木材等によるインテリア・サイディング仕上げ等を織り込み、漆喰調の塗装仕上げの壁とクロス張りで、松山様の意向を取り上げた心算でいる。納得の度合いはわからないが、無口な方に「満足」と一言、言って頂き、胸を撫で下ろした。

松山様の年齢（七十歳に近い）も念頭に、床は全部バリアフリー。リビング、キッチン、寝室は一体化と言ってもよい。トイレ洗面室は〇・七五坪で、将来の手摺等の取り付けや車椅子での生活も念頭にある。

ストーブ型の暖炉と、広い庭先のデッキは、この家のゆとりを感じさせる。欧米人の住まいにも負けてはいない。これが現世の人類が望む、これからの住宅である。

老後を考えてのバリアフリー化

この住宅の価値は、築後数年で決まるものではない。この住まいは、元は中古住宅だが、今後もリフォームをしっかりとすれば、あと百年は持つことを保証できる近代住宅である。

13 雑記

今日は仕事は休みだ。朝から雪かな？　いや、雨だ。強い雨は風も伴って激しいようだ……。

そのような朝の厳しい自然を微かに感じ取りながら、朝寝の床の中、揺るぎなき家の佇まいに、我が家の優しい温もりを強く感じる。静かな朝の一時に、ゆとりを持って今日一日の行動予定を組み上げる。自然と五感が動き始める。朝餉のスープの匂いが漂ってくる、目覚めの一時――。私の朝寝に対する妻の愚痴も、鶯の囀りに聞こえてくるマイホームの豊かさを感じる。

人間が生きていく上で必要な、衣・食・住については、日本人は世界の中でも恵まれている民族である。その中で特に恵まれているのは、衣と食だと思う。食い物については世界トップクラスかも知れない。

しかし住宅については、先進諸国と言われる国としては、少しお粗末と言わざるを得ない。欧米、特にアメリカ、カナダの住宅と比べると、日本の住宅は見た目は良いが中身はお粗末だ。特に住宅の持つ性能に関しては、貧しい状態だと言われても返す言葉はない。今の日本の住宅では、カナダや中央アメリカの気候では生きていけない。マイナス40℃の世界は、日本国民には想像できない自然環境だ。

何故、住宅に関してはそのようにお粗末だと言われるのか、理由を知る人は少ない。日本は住宅が不足しているわけではない。むしろ有り余っているのである。今使われていない住宅のストックは、前に述べたように八百万戸以上と言われており、数の面では世界でも珍しく多く、羨ましがられる数字なのである。しかし、住宅がこれほど余っているのに、充足感は浮かんでこない。

日本人は「中古住宅」と聞くと、古くて汚らしい住まいというイメージを浮かべる。本来の住宅のあり方を知らず、家は建てたら使えなくなるまでが寿命と考え、使えなくなるまでの間は修理もしないのが日本だ。

現在のアメリカの住宅市場は、二〇一四年の住宅流通状況を見ると、中古住宅の流通実績は五百十九万戸で、新築住宅を含めた市場流通住宅全体の90％近くである。日本の八百万戸以上の中古住宅ストックは、外国人への説明に窮する。

この数字は、どういうことなのであろうか。欧米人と日本人の中古住宅への意識の違いか、日本の中古住宅への依存は薄い。住宅は資産であり、お金と同じ価値があると見られないのは、市中に目にする空き家の存在でわかる。どれもみすぼらしく、目にする中古住宅に明るさはない。アメリカやカナダのように、リノベーションで魅力ある建物として生まれ変わらせ、商品価値を高めるべきだという思考は生まれてこない。

リノベーションで中古住宅の価値を高め、諸外国のような満足のいく住環境を求めて、自信を持って売り出して収益を上げる。イメージも、この家をもっと明るい衣装に替えて、中古という観念を捨て、愛情を感じながら、リノベーションにより貴方のマイホームとしてこの家に住むべきではないか。

今、日本は都市集中型の経済であり、地方都市はその反動を受けて不況風に疲弊して、中古住宅の在庫が増えている。逆に考えれば、自然に溢れた静かなゆとりある環境が安く手に入るのだ。都市部の高層ビル街は生活経済職場の一部と捉え、人間育成の場は自然に溢れた環境の場に置くべきだと考えることも必要かも知れない。また、大学等も大都市でなければならない必要性は何処にもない。静かな地方都市で、落ち着いて学業に励むことは重要かも知れない。地方都市産業としての教育産業のあり方も、共に見直すべきと思う。

アメリカ等先進諸国並みの建物で、満足のいく住宅の存在感を高めて、欧米住宅市場の中に参入できるような中古住宅に生まれ変わらせ、その新しい姿の住宅が我が国の流通市場の80％とは言わないが、せめて50％くらいの市場ができる、住宅環境ができることを望む。

私も、中古住宅ストック市場を見つめ直し、豊かな住生活を日本人に知らせてあげたいと思う。これも百年住宅の提言として申し添える。

そして、八百万戸以上の中古住宅が産業廃棄物にならないよう、リノベーションで新築住宅に負けない高級住宅への変身を求め、新築住宅と同じ意識を持って、豊かな住生活を送ってみたくはないだろうか？　これからの長いとは言えない人生のために、丁寧に自分に優しく生きよう。

また、使われなくなった家の処分を考える時も、価値ある価格で売れる商品化を念頭に、常に綺麗な我が家のお化粧、手入れを忘れてはならない。


最近、住宅関連機関の動きが変わってきた。住宅促進機関として、国や地方行政等は景気対策等も含め、いろいろな行政サービスを企画している。

耐震構造改革、省エネ住宅推進策、低炭素建築物認定制度、エコ・リフォーム、住宅金融支援機構等。また、中古住宅購入支援やリノベーション改善資金等、様々な優遇処置が打ち出されている。それらを活用して、一度しかない大切な、長いようで短い人生、悔いのないように生活設計を立て、我が人生に満足いくように生きたい。

貴方の住宅は、連れ合いと同じである。優しく労ってやれば、その家に住む人に優しくしてくれる。細かい所に気を遣えば、細かい所で貴方を気遣ってくれる。良い歴史を刻んだ本物の木材には、その木材の歴史が秘められている。

長い年月をかけ、深い文化を含んだ自然に育った建材を、生活の中に活かすことと、良い技能者に恵まれた住まい――貴方の一人静かな一時に、そこに使われた資材の歴史と家の持つ生活文化を語りかけてくれる。

住まいは宝である。世紀を超えた庶民の民族遺産である。貴方の人生、生涯記録と共に、良き住まいを次の時代に手渡し、貴方の生きた文化を、貴方の街に、貴方の生きた記録として残してみたくはないだろうか。

良き伴侶と共に、恵まれた家庭生活に浴しながら、後世の人達にも親しまれ愛される我が家に夢を乗せて、貴方の生きた時代に合わせたリフォームと共に、愛されながら使われることは、家づくりの最大の夢であると思う。

花山邸

今私は、私の街に二百年前に建てられた歴史ある住宅、花山邸に住んでいる。

最初、不動産屋さんから紹介を受けた時は、「そのような古い家、大丈夫なのか？」

と思っていた。それに意外と値段も高いので断ろうと思ったが、逆に売値が高いことに興味を持ち、見るだけはただなのだから、と見に行ったのが縁だった。

業者さんから指定された場所で落ち合い、案内され、「ここですよ」と言われた場所にあったのは、築二百年経ったような建物ではなかった。目の前にあるのは、重みのある近代住宅であった。私は業者さんの顔を見た。「この家ですよ」と更に言われた時は呆然となり、ただ黙って眺めるばかりだった。

庭先には、前住民の植えた太い紅葉の木が佇み、静かに主の来訪を待っているような歴史の深みを感じた。枝先を伸ばしながらそよ風に揺らいでいる。こんな立派な植木は、買ったら何百万円もするだろうと思いながら見ていた。その私の様子に、業者さんが言った。

「お客さん、中を見てください。それにその紅葉の木、いらなければ伐りますから心配ありません」

そう言われて、また驚いた。

「この木を伐ってしまうなんて勿体ないです。このままの方がいいのでは？」

言いながら玄関に向かう。近代的な玄関口の鍵は二重ロック。北欧風の重みのある木製ドアが重量感を漂わせている。中に入ると、天井廻りにどっしりとした重量感のある旧い梁材が覗いていた。設備は最新の機材で目新しい。玄関に掛けられた古い絵画が、その場にあって重厚な感じを映していた。

他の部分にも創建当時の木材が姿を見せている。入るとすぐにあるリビングは広く、厨房まで抱え込んでいるワンフロアーである。内部の壁が広く大きい。百五十号ぐらいの絵が掛けられそうだ。

部屋数は少ないが、リビングの広さに圧倒され、私は一度で気に入ってしまった。訪問前に提示された金額は、中古にしては高いと思っていたので、その場では気に入ったが、一応「値段、少し安くならないの？」と業者さんに聞いた。

「お客様、この家は旧いけれど安いですよ。売主さんは立派な方ですから、駆け引きはしていません。値引きにも応じないかも知れません。ただ、この家を気に入ってくださった気持ちの良い方に使ってもらいたい、というのが売主さんの本当の思いです」

業者さんはそう言った。

私が買い受ける話が決まり、売主さんから引き渡された時、売主さんは、

「私の前の持ち主の気持ちも含めて、この家をよろしく」

と、念を押すように言われた――。

「二代にわたって愛されたこの家、今の私は、まったくその通りだと思います。今までこの家に住んだ人の愛情が伝わってきますし、リノベーションに大変なお金がかかっているのも見てわかります。だから、私はこの家に住むことにしました」

彼は落ち着いて一息ついてから、こう続けた。

「今は、満足の生活です。この家の中の歴史ある文化財と共に、現在の新しい環境の中で幸せに生活しています。縁も所縁もない、先々住民の花山様に深く感謝申し上げます」

彼は会ったこともない花山氏に、心から胸の内を明かし、そして、

「私もこの家を、愛し慈しみ、次の世代にも同じような気持ちでこの家を使ってもらえるよう、労わりながらこの家の維持に努めます」

と言い、私はその言葉を聞いていた。

この物語に描かれているものこそが、欧米人の二百年住宅に対する基本的な心ではないかと思う。その心が、これからの我らの住宅に対する心得となり、豊かな家庭生活を築いていく。

……雑談、失礼致しました。

第4章

住まいの取り巻きと近隣環境

1 住宅環境と隣人

今の私達の住宅は少し狭すぎる。特に敷地が狭い。住宅は、ただ単に寝起きする場所ではない。休日や余暇をゆっくり自然と共に過ごすには、少しゆとりの場が欲しい。また、子供達が自然に接する機会――小さな動植物の動きと時の流れ、草木の生育の観察等、自然と共生する環境は、子供の心の生育に必要である。家族で手をかけて草花を育て、皆で慈しんで作った庭を静かに観賞する。その心のゆとりは、無言でしかし押し付けることなく教養を養い、優しい子供の心の教育に大切な家庭環境の場となり、身心の生育の場となるものと思う。

日本人も、できることなら理想は最低百二十坪（約４００平方メートル）くらいの広さがある敷地が、家庭菜園等も求められると思われる。

都会から離れ、自然の中で学び、働き、子供を育てる生涯を送ることも、一つの生き甲斐かも知れない。

日本人は元々そういう人種なのか、都市部の日常の利便性に引かれてしまうのか、集団的混雑の環境を好み、大都市や高層ビル街に人口は集中する。自己満足の国民性なのか、人間であれば本来は受け入れにくいはずのそのスタイルから抜け出せないでいるとは思いたくない。

我が国は、大自然がそのまま残る豊かな国なのである。私達の日常は、一年のうち三分の一以上、百三十五日ほどは休日があり、身近に自然に接する機会は充分にあるものと思う。

しかし、日本の自然豊かな各地方の人口は毎年減っている。一億二千五百万人を多少超える程度の人口の国土は、地価も一時の半分以下で、住宅敷地が不足することはない。また、平地の少ない我が国土は、平らであってこそ価値があると思いがちで、自然いっぱいの傾斜地は好まれない。欧米人との土地に対する価値観の違いとでも言うべきか。

欧米人は、日本人のように便利であればいいというような平らな土地を好まない。

アメリカのロサンゼルスの郊外は二百キロ圏と聞いている。都市中心と辺隔地の間は、直通高速バスで結ばれており、通勤に不便は感じない。多くの人達がバスの中で仕事をしている。それだけ都市中心地から離れても、自然を求めて環境豊かな都市周辺の原野に住居を求める。

日本人を含めた東洋人と違い、欧米人は街中の平地に住宅は求めない。平地には工場や商業地、公共施設等が多く、人気のある住宅地は山の中、川沿い、海沿い等の地域で、自然に接した住宅地は値が高い。山の傾斜地等の場合は、その自然地形に合わせた個々の設計プランで住宅を建設し、傾斜地ゆえに視界を遮られることなく、目の前に立つ他の建物の影響もなく、窓等からは広い眺望ができる——そういった環境が一般的には求められている。

日本の住宅地のように、平地化して工場生産の規格住宅が建てやすいようにした敷地は、自然を破壊した軟弱地盤の恐れありということで人気がない。しかし日本には、整地しなければ優良宅地として認定しないという法律がある。湿地帯を埋め立てた土地や、傾斜地を削って盛り土をし、雛壇形に造成した敷地は、何千年もの間、安定していた地面を掘り返して軟弱にした土地なのだが、それを優良宅地と決め込んでいる。
そのような法律は、戦後の住宅生産工業化を促進し、周辺地域の住宅生産技術の衰退と共に、個性ある建築技能の退化を促し、地方色豊かな文化産業の消滅を進めていると言われても言葉はない。また東日本大震災の際に、千葉県浦安市の湾岸地帯の液状化問題が起こった住宅軟弱地、あの場合の行政側の優良宅地の認定は如何に解釈するのか……。

これからの人類は、平和な環境と共に家庭生活が中心となる。住宅環境に自然と接する地を選ぶか、通勤や買い物等の利便性を重視するかは、個人の選択だ。一般的に東洋人は、混雑の環境を好む民族かも知れない。

今、アジア各都市、地域では都市部の高層マンションが人気を博しているが、三十年、四十年後の高層マンションのリニューアルを考えた場合、簡単に修復は望めない。多くの問題点を抱えての修復改修費も想像できない。高層マンションの資産的価値は、果たして長い期間維持できるのか。大都市に建つ高層マンションが、三十数年前のアメリカ・ニューヨーク市に見られるスラム街のようになるのではないかと不安が残る。

そして災害国日本、都市部直下型地震の不安を常に心の隅に置く場合、住宅の持つべき「安心」は確保できるのか。良い住まいの基本は「安全」だと言えるのか。大都市を眼下に見下ろす高層マンションからの眺めは、他に代え難い環境かも知れないが、常に災害時の不安は拭えない。住宅の基本的生命線とも言える「安心感」は求め難い。特に最近は、高層マンションの杭打ち施工が問題化している。東京湾の汚泥地帯を地盤とする杭の強度に不安はないのか。「絶対に大丈夫」と言う建築家はいない。

住宅には自然環境も大切だが、対人、隣人環境も大切だ。住宅取得時に一番気を遣わなければならないことかも知れない。

古い話になるが、戦時中の「隣組」組織は懐かしい。他人同士、近所の人達と食料や生活物資を分け合い、助け合っての近隣環境は、厳しい戦中戦後の中にほのぼのとした懐かしさを感じる。隣人は親族以上に頼れた大切な人達だった。しかし現在は「隣は何をする人ぞ」そのものだ。車社会は、隣人同士の会話や挨拶の機会も奪ってしまい、若者達の広い交流の場も失われている。

2　外構及び付属構築物

本題の住宅を少し離れて、住宅に接する付属構造物について記してみる。

住宅の付属構築物には、テラス、デッキ、ガレージ、物置、フェンス門扉等があげられる。その場合、頭に置かなくてはならない屋外の活動には、防犯、洗濯物干し、手作業、屋外憩いの場等があげられる。それらが、小さな自然に接して家族の癒しの場と共通の話題を生み出す、大切な緑地帯となるかも知れない。

問題は、自宅の周りは概ね他人の土地に接しているということだ。近所付き合いによる住宅環境づくりは大切。自分ではどうにもならない人間同士の近隣環境、最初の出会いが重要である。

住宅地の近隣環境の中には、人工的には造ることのできない自然環境もある。住宅地を求める場合、当然、現地を見に行く。自然環境は、現地に赴いて地形や自然を目にすれば概ねわかる。しかし、目にしただけではわからないのは、近隣、対人関係だ。意見の対立、思想の違いは、親子兄弟、親身な友人間にもある。ましてや隣地は他人。如何に接するか、近隣の対人関係は大切である。

特に隣家は、良い関係が保てれば大変良い住環境となるが、自分の意に添わない人の場合でも、気に食わないからと反発的な態度は禁物である。性格や思想の違いは当然のことで、相手も此方を如何に対処すべきか見ている。腹の中で考えていることはお互いにあまり変わらず、「隣に来る人が良い人であればいい」と思っている。隣同士、仲良くできることが理想であり、それは自然環境よりも大切だと思う。

隣地との諍いで一番多いのは境界問題である。これに感情が入ると、如何にもならない悪い近隣環境となる。

住宅や宅地を買い入れる時は、前の持ち主や不動産屋から、測量図と共に境界杭の設置、またはそれに代わる認識物（境界の動かない印）により、隣地地主立ち会いのもとで確認をする。植木や立ち木は境界の印には向かない。樹が育って大きくなってきた時に問題が残る。ついでにその木はどちらの所有になるかも確認が必要だ。

花と住まいの融和には要注意

隣人との諍いの原因で一番多いのが境界問題で、次に多いのが立ち木の問題だ。お爺さんが植えた時は小さな木であったが、何十年も経って大きくなり、隣地に日照や落ち葉のことで迷惑をかけてしまう場合がある。隣家のことゆえ黙っているが、不満は募ってくる。人間関係は最初の出会いが大切だ。過剰な気遣いのいらない近隣関係を作ることは、住まいの環境を全てにおいて明るくする。

庭木としての立木は、背の高いものは避けるべきだ。隣地との境界線近くに植える場合は、当然大きくなった時のことを考え、迷惑をかけないように配慮すべきである。

敷地境界線にフェンスを回すのはよいことだが、あまり背の高いものは避けた方がよい。防犯上、お互いに敷地内が外から見える方が安全だ。留守にした時等、敷地内の中が周りから見えない住宅は犯罪に使われやすい。隣同士、目が届くようにしていた方が、泥棒等犯罪行為者は入りにくい。

生垣は手入れが大変であるが、庭園としての景観は良くなる。しかし、やはり隣地境界近くに植える場合は、隣地側の後の手入れを考え、刈り込み等に苦労しないようにする。植栽するにしても、境界線より後退して余裕をとって施工する。

当然、境界の工事をする時は隣家への挨拶は必須だ。工事中は隣地の土地にも関わるので、迷惑をかけないわけにはいかない。近隣コミュニケーションを考えれば、このような時の挨拶が、親しい交流のきっかけになるのである。相手に対する気遣いが、後の自分のためになる。

現代は車社会。自動車用のガレージを必要とする場合、ガレージを物置兼用に造る

サンデッキ

と場所を共用できる。一般的な自家用車なら、高さ2メートル程度あれば充分車の収容はできる。ガレージの屋根裏を少し高くして、屋根裏物置にすると有効活用、便利に使える。ストックハウス等、小さな物置はできるだけ造らないで一つにまとめる。日本の住宅地の景観が悪くなるのは、その付属建物等の構築物が散在していることが影響している。

ガレージは、時には日曜大工の作業場等にも使える。できれば来客用の駐車スペースもあれば、さらによい。

屋外スペースのサンデッキは、意外と利用価値がある。休日等に近隣の人達との交流のバーベーキュー等の憩いの場、洗濯物の竿掛け場、小さな作業場等、利用度は高い。できれば、強化ガラスか塩ビ製品の透明度のある屋根をかけると、留守中も洗濯物が干しっ放しにできる。屋根があればデッキもあまり雨に濡れないので傷みにくい。サンデッキに屋根をかける時は、台風時の風圧を考慮に入れて製作してもらう。子供がいる場合は、デッキの高さによっては手摺りが必要になる。

デッキ材は、濡れるため耐候性が求められる。国産材は耐候性がないので傷みやすい。少し高くついてもレッド・シーダー材等を含めた、耐候性のある輸入材を使った方が何倍も長持ちする。それでも、防虫処理を含めて抗菌性塗料を塗るのがよい。間違っても一般的なペンキは塗らない。一般のペンキは、木材表面に皮膜ができて、デッキ材の含水を高めてしまい、腐食を促進することになる。

また、二階にデッキを作る場合も、屋根を付けることをお勧めする。雨ざらしだと、造ったデッキだけではなく、建物も十年を超えると防水シート下に悪い影響を大きく及ぼす。特に木造住宅で野ざらしのデッキは、冬は雪が積もることもあり、温度差から生じる防水下地の結露が大きく、建物本体の構造体に支障をきたす原因となる。

屋上の野ざらしのデッキは、今の住宅メーカーの売り出し建物のほとんどに施工されている。便利ではあるが、建物本体が結露等により傷みやすく、当然何十年と長くは持たない。利便性と見た目だけを考えた、売るための新住宅スタイルは、十年を超えるとデッキ防水下地に結露による支障が来ることに注意がいる。


太陽光パネルの設置は、よく検討してからの方がよい。パネルの設置費用プラス、設置に関わる屋根本体の傷みも計算に入れないと、発電量から使用電気代、売電代を差し引いてもプラスにならないことがある。天変地異、地震、台風、竜巻等の時、載せた機器がその力に耐え得るのか不安も残る。雪の降る地方では、雪止めがなくなり、軒先下は落雪の危険がある。

二年も経つと、パネル表面に汚れや薄コケ等が付着し、発電効率が落ちるので、掃除をしなければならない。しかし掃除は、屋根の上の高い場所での作業なので、危険であり、自分ではできないことが多い。業者を頼むと高くつき、お金がかかるが、掃除をしなければ発電量が低下する。

また、建物の外観、見た目が悪くなる等のマイナス面もしっかり捉えてから、設置するかを考える。取り付け業者は売り込むだけが目的で、得するか損するかは、設置する貴方の責任。儲けは誰のものか……。


家づくりは、建売住宅のように目で見て確かめて買うものではない。図面と仕様書と契約書で造られる。特に、リニューアルやリノベーション改修は、良いものができるかどうかはできてみなければわからないという、甚だ不安定な作業契約になる。

発注先の業者は、信頼できる者でないと不安が付きまとう。少し高くついても、経験豊かな管理者の存在が必要となる。

日本には建築工事管理業という職業はない。管理だけを専門とする業種があってもよいと思う。

3　中古住宅市場の変化

　先に述べたように、中古市場は、住宅を求めるには物件は豊富だ。八百万戸を超える在庫は、買い手市場となっている。空き家は概ね持て余している場合が多く、比較的安く手に入る。

　しかし買い入れには、その物件、空き家の評価が重要になる。安いと言っても高額な買い物であるから、荷物になるような物件は買えない。買う前に少しお金がかかっても、プロの目で見てもらい、物件を査定してもらうことが大切だ。

　買った中古物件のリフォームやリノベーション工事費等が、どの程度かかるか、概略予定見積もり等も考えに入れておくとよい。

　完全なリノベーションがすでにできているならば、その中古住宅の取得総額が、今の新築住宅の価格を超えても、納得のいく高性能住宅であれば良いと思う。

中古住宅の価格は、解体及び産廃処理費程度は値切れる。上手に買って、良いリノベーションにより、自分の気に入った住居が安く手に入るチャンスである。

参考までに、平成二十七年五月十二日の日経新聞によると、アメリカの人口約三億人の一年間の住宅販売実績の約九割が中古住宅で、五百十九万戸、前年比10％増と発表されていた。

中古住宅への国の見解が変わり、リノベーションに対する国の解釈の変化も進んでいる。

我が国の今までの住宅に対する使用期間は、三十年と非常に短い期間を念頭に置いていた。そのため、住宅の価値は三十年でゼロと見なされ、評価されていた。しかし高齢化社会と言われるようになり、我が国の好景気時代に多く建てられた住宅は、それなりに傷みが見えている。それらに対する再生化、住まいのリノベーションが注目を浴び始めたのだ。

厚生労働省や国土交通省の住宅生産課等でも、中古住宅に対する見方を変え、しっかりした改修、耐震補強、保温断熱、高齢化に対する住宅機能改善策等、高規格化による保障制度が改善され、国の制度による中古住宅の買い取り、リノベーション改修工事費のローン補助制度等が設定されている。また、住宅環境整備、エコ対策等によりポイント制度等、中古住宅の見直しリフォームやリノベーション改造環境も改善されており、これは様々な公的機関、住宅金融支援機構や民間金融機関等の窓口や、市役所等で調べるとわかる。役所に相談すると、身体障害者や後期高齢者が居住する住宅のバリアフリー化、階段通路や浴室、手洗い等の安全手摺り、便器交換等にもいろいろな補助金制度もある。

平成二十八年二月九日の日本経済新聞には、国土交通省による中古住宅に対する改正法案提出の記事が載っており、国交省は、中古住宅市場の拡大に向け、専門家による住宅の「住宅診断」の普及を促すとしている。

これは、不動産会社が仲介契約する際に、物件に対して「住宅診断」を実施して、住宅診断の結果説明と物件の状況確認を義務付けるという方向の法案で、消費者が中古住宅の品質に持つ不安を取り除くことを求めている。国交省は、これを通常国会に提出、法案改正実施、宅地建物取引業法に住宅診断の活用促進策を盛り込み、平成三十年度の施行を目指しているという。

住宅診断はホームインスペクションとも呼ばれ、建築士等が建物の基礎、構造体、外壁、屋根等の状況を調査する仕組みで、現在は法律に基づく制度ではなく、民間の業者が任意のサービスとして実施している。中古住宅診断依頼による診断料金は五万円程度が一般的である。

国交省の法案が通れば、業者が「住宅診断」を求められた場合は、重要事項説明書に実施の有無と結果の説明を記載することも義務付けられる。取引に関して「住宅診断」そのものは義務ではないが、消費者はこのサービスの存在や内容を知った上で、住宅診断を実施するかしないかを選択できるのだ。

また国交省は、住宅購入後に欠陥が発覚した場合に保障する、既存住宅売買瑕疵保険の普及も目指している。

4　輸入住宅とリノベーション

輸入住宅というと、一般的には主にツーバイフォー工法住宅やログハウスが主体のようである。

普及率の高い世界先進諸国のツーバイフォー住宅は、元々リノベーションを考えて建てられている。欧米人は常に百年、二百年の住宅使用期間を頭に置いているので、日本の在来木造住宅と比べ、リノベーションやリフォームが容易に施工できるようになっている。

百年、二百年使用というのは、三世代が一緒に住むということではなく、他人の三世代が継続して使用するということである。リノベーションやリフォームにお金をかけるのも、後の若者達が使用することを頭に置いてのことであり、より良い改善を心がけているのである。安全で使いやすく、住む人に優しさのある住居でないと、後世代は使ってくれない。他人が取得するとしても、人が好まなければ売れない。先に述べたように、住宅は現代に合ったより良い住宅こそ価値ある財産なのである。

外国の中古住宅が、新築と変わらぬ価格で売買される理由は、リノベーションで常に商品価値を高めているからだ。

今、貴方がお住まいの住宅は、現在の日本では三十年を過ぎれば価値がないと見るが、しっかりしたリノベーションによっては、新築時より価値が高まり、人から好まれれば高い価格評価が得られる。また、住宅の寿命を百年延ばすことは、それほど難しい話ではない。

高齢者には、「私達はあと何年しか生きられないから、今更家を直しても始まらない」と言う人が多いが、この世に生きている限りが自分の人生。たとえひと月でも、我が身の最後を飾る住まいを求めてもよいと思う。楽しみと夢の詰まった我が家の改修に、年齢は関係ない。自分の生涯を振り返り、悔いなき人生の姿を高めるためには、今できることをやることである。

この話を実行した経験者は、今は満足の生活を送り、その環境を守っている。

「リノベーションは、私の人生を飾る大切なものでした。今の住生活になってからは、五歳ほど若返った気分です。あと数年と思っていた命でしたが、もう十五年も経っています」

と語っておられる。

自分自身が自分の人生を諦めるような家は、価値がない。そのような家に住もうと思う人も、買う人もいない。自分が気に入って、もっと長く住みたいと思うような家なら、誰しも住みたいと思うだろう。

5　中古住宅を買った時より高く売る

中古住宅を売る側は、古くなった家はそのままでは売りにくい。しかし、リニューアルして売り出しても、売れなかったら、かけたお金が回収できない。それならばと解体して更地にして売ろうとすると、解体費、産業廃棄物の処理費がかかる。だから中古住宅は割安なのである。

その安い家を手に入れ、貴方のセンスでリノベーションし、自分が望む価値ある建物としてお使いになり、何十年か後に使わなくなった時に高く売れれば、この上なき話。この話の場合、買い手が気に入ってくれるようなプランニングも大切。しかしこのような話はアメリカ等ではよく聞く。

本書で述べている通り、耐震構造を備えて保温断熱工事を完全に施工すれば、木造建物は数百年持つと言える。さらに適切な時期にリフォームすることにより、住まいの価値は下がらない。

欧米では、五、六年の短期間赴任の場合でも住宅を求める。自分で好きなようにリニューアルして使い、不要になれば売りに出す。短い生活期間でも、自分の求める住宅環境を大切にしている。

日本では新築住宅も、安売り仕様の「住宅は売ればいい」の利益第一主義で、経営者の基本的考えは、如何に安く造るかから始まる。その結果出来上がったリノベーションもできない安い住宅を見れば、産業廃棄物の生産会社とも言われかねない。

安くて良い家はできないのである。大手デベロッパーや住宅メーカーが、新しい分譲住宅やマンションを大量に提供し、それを消費者が購入する図式だが、何十年も使った古い住宅やマンションは、そのままではまったく売れず、宝の持ち腐れとなる。

三十年もたない住宅、低い品質、十年経たないでトレンドが変わる今の時代、場当たり的なデザインを使った住まいは、住宅の本質を失い、利用者に飽きられ、さらに安い価格で売り出されるが、それでも受け入れられず廃屋化している。実に忍び難き心境である。

既製品の組み込み建物は、新築される時も、ほとんどが工場生産型部材使用であり、数年後の個々の修復工事に手作業でのリフォームはでき難い。自然材を使った手作り加工の家は、至極簡単に改造手直しができるのである。

6 住生活基本計画の概要と国土交通省の見解

国土交通省から、住生活基本法に基づく、住生活の安定の確保と向上の促進のために基本的な施策を定めるものが、趣旨として発表されている。以下、その概要を示す。

ハード面（広さ等）に加え、ソフト面の充実により住生活を充実させる。

老朽マンション対策等、住宅ストックの管理・再生対策を推進。

新築住宅市場に加え、既存住宅流通・リフォーム市場の整備を推進。

目標は、安全安心で豊かな住生活を支えるサービスが提供される環境の実現を図ること。

【住宅の品質・性能を確保する住宅及び居住環境の整備】

耐震診断、耐震改修等の促進。密集市街地の整備等。

（耐震性を有する住宅ストックの比率、目標95％）

【住生活の安心を支えるセンターサービスが提供される環境の整備】

サービス付きの高齢者向け住宅の供給促進。公的賃貸住宅団地等における生活支援施設の設置促進等。

（指標：高齢者人口に対する高齢者向け住宅の割合3～5％）

【低炭素社会に向けた住まいと住まい方の提案】

住宅エネルギー性能の向上、地域材を活用した住宅の新築、リフォームの促進等。

（指標：省エネ法に基づく届出がなされた新築住宅に対する省エネ基準100％）

【移動・利用の円滑化と美しい町並み・景観の形成】

住宅及び住宅市街地のユニバーサルデザイン化。景観計画、景観協定等の普及啓発等。

目標一、安全・安心で豊かな住生活を支える生活環境の構築（環境の視点）
二、住宅の適正な管理及び再生（ストックの視点）
三、多様な居住ニーズが適切に実現される住宅市場の環境整備（市場の視点）
四、住宅確保に特に配慮を要する者の居住安定確保（セーフティネットの視点）

また、新たに次の目標が盛り込まれた。

一、将来にわたり活用される良質な住宅ストックを形成するため、新築住宅における長寿命住宅（長期優良住宅）の割合増が目標とされた。
二、住宅ストックの有効活用を図るため、中古住宅流通、リフォーム市場の一層の規模拡大が目標とされた。（既存住宅の流通シェア25％）
三、住環境として「安心を支えるサービスの提供」が明記され、高齢者の人口に対

する高齢者向け住宅の割合増が目標とされた。（5％）

このような形で、国土交通省からいろいろな指標が細かく出されている。

その他にも、国土交通省住宅局の奨励する、耐震性の強化は必要である。その中で今までにない認定基準の緩和、容積率の特例等、新たな耐震改修工法も認定可能になっている。

今までは、建物形状の変更を伴わない改築や、柱や壁の増設による増築等に対象工事が限定されていたが、平成二十五年の改正により、増築や改築の工事範囲の制限が撤廃された。これにより耐震改修計画の認定を受けられる工事範囲が拡張され、外付けフレーム工法等の床の増築を伴う耐震改修工法も、耐震改修計画の認定対象となる。

耐震性を向上させるために増築を行うことで、容積率・建蔽率制限に適合しないこととなる場合に、所轄行政庁（都道府県・市・特別区）が、やむを得ないと認め、耐震改修計画を認定した時は、当該制限は適用されない等の、改善マイホーム時代になったのである。

7 既存住宅の多世代利用化に向けた研究

「長期優良住宅の普及の促進に関する法律」に基づく長期優良住宅の認定基準に反映される、長期優良住宅の認定は、所管行政庁（市町村長または都道府県知事）が行う。長期優良住宅は、金融機関等の住宅取得ローン（中古住宅も含む）である、フラット35や、住宅支援機構の貸出金利が安い。

フラット35について注意することは、毎年団体信用保険料が別途にかかることだ。また、借受に関する様々な検査等の業者手数料が市中銀行よりかかる。

市中銀行ローンは、保険料を含んだ金利手数料等それらの経費が高いようだが、よく検討すべきである。その際、ローン期間内での手数料等総額で検討することが大切。

今は銀行等の金利が安いので、しばらく遠のいていたマイホーム取得のチャンスかも知れない。アパート・マンション暮らしから脱皮の時かも知れない。中古の空き家八十兆円の国内資源が眠っている中、豊かなマイホーム資源に目を向ける時かも知れない。

これからの住宅は、他世代利用を念頭に置くべきだ。他世代とは家族内の継続だけを言うのではなく、他人も含めた世代継続を指すものだと考える。住宅の長い期間の耐久性は当然のこと、目的は、誰もが快く住めることである。人の生活は一様ではない。それぞれの個性も心情もある。ある意味、簡単なリニューアルが可能なことがその住まいに必要な条件となってくる。

定年退職は人生の一つの区切りかも知れない。しかし今は、人生八十年、九十年の時代。会社勤めの三十年余の期間は、人生の一部に過ぎない。子供時を差引いた残りの人生三十年余の生き甲斐は、自分の生涯を大切にする人生本来の生き方にある。高年齢ほど住宅との結び付きは深くなる。余生は屋内家庭生活を堪能すべき期間と思う。

貴方の住まいは、これから身近にあって、貴方の生活をエンジョイして生き甲斐を強く感じさせてくれる、大切な生活環境提供の場となるのである。納得のいく住まいこそ、生涯に悔いのない生き方になるかも知れない。それは貴方の住まいの完成度にある。

今、貴方がお使いになっている住宅は財産なのである。将来の廃棄物ではない。

欧米諸国では、現在使われている住まいを大切な資産として考えている。常に預金と同じように考えている。そして、老後の生活資金として自分なりに評価している。

ただ、私達は自分がこの世を去る時に、この家が誰のものになるのか、誰のために残すのかと迷うことがある。自分の人生をかけて創り上げた大切な我が家、自分のものでありたいと思いながら、あと何年か先のことを考えると、お金の心配は頭から離れない。いっそのこと、この家を売ってお金に換え、老人施設にでも入ろうかと考える時もある。その一方で、長い期間を共に過ごした愛着のこもった家を手放すことに、計り知れない無念の気持ちも残る。

欧米諸国の人達は、今使っている我が家を上手に活用している。今住んでいる住宅を担保にして保険会社と契約、終末までの平均年齢を基準に年金契約を結び、生きている限り毎月年金として決められた金額の支給を受ける。死ぬまでの契約なので、生きている間は安心してその年金を受け取り、そのお金で自分の親しんだ住まいで余生を楽しんでいる。

そして、その人がこの世を去った時は、保険会社が家を処分して返済金に当てる。家を担保に前借りしたようなものだが、自分が生きている間に自分の資産を使いきり、不安なき人生に何の悔いもない終末を迎えているのである。

良い住宅は、それなりの評価によって、より良い年金支給となり、先々何年生きるかもわからぬ生活費の不安がない。

多くの人は老後の生活が不安で、家等自分のものであるはずの資産を使いきれないまま終末を迎えて、意に添わない資産が残ってしまうのである。

終末を迎えて何も残さなくてもよい。ただ一つ、自分の生きた証として、この家の次の住人となる人に満足のいく生活を送ってもらえることが私の夢である。

この制度に近いものが、日本でも取り入れられ始めた。保険会社が、我が国の平均寿命を基礎に年金額を割り出し、住宅を担保にして年金として支給する制度は、今後多くの保険会社や銀行等も取り上げていくことと思う。年金支給額の有利な会社と契約ができて、公平安心の制度になるだろう。

期限を決められない老後を、家を担保に安心して過ごすことができる。持っている資産で心置きなく豊かな人生を送ることも、良い余生の送り方と思う。

厚生年金や国民年金のように、主契約者が亡くなると、後に残る連れ合いの年金が減額されることを思うと、住宅担保の年金保険は夫婦の人生を最後まで保障する。

貴方の持つ住宅の評価が高ければ、その住宅は、持ち主である貴方に最後まで忠実に人生を高額保障してくれるのである。これで安心して自分が持つ資産を使いきり、悔いの残らない人生の区切りが可能になる。

また、自分の人生のためならば心残りなく、できる限りのお金をかけて、手にする住宅の思いに合った、納得の住まいに住むことができる。一度限りの大切な人生、悔いや未練を残してはならない。

ツーバイフォー・トラスト工法によるレストラン（日光市内）

お客様の声

我が家のリノベーション

この度、平岡一二様がリノベーションに関する本を出版するに際し、日頃から建築に対する専門的話題を傾聴しておりましたので、その集大成としての著作に敬意を表します。

平岡様は、日光市を中心とした地方工務店を経営されておりますが、その枠を超えた見識の高さと建築技術で、栃木県内外の顧客から高い評価を得ておられます。

今、日本国内の空き家は八百余万戸、その資産は八十余兆円に上るので、それを不良資産とせずに何らかの活用方法はないものかと検討中とのお話を伺い、私が自宅をリノベーションした時の感想を含めて記してみます。

改修前は、昭和五十三年新築の在来木造住宅。一階六部屋、二階二部屋、五十四坪

の家で、両親と子供二人に我々夫婦の六人家族が住んでいました。

日光の冬は外気温がマイナス10℃にもなる日もあり、室内温度もマイナスになる環境の家でした。十二月から三月にかけては、朝起きると茶の間のカーテンが結露でアルミサッシュに凍り付き、食卓の布巾が凍っている日も何日もありました。

それでも、その状態が普通の家であろうと思っていましたので、平岡様からのリノベーション提案には半信半疑でした。

提案は、基本的には北欧や北アメリカ、カナダ地方の冬期生活に適した建築様式で、リビングに暖炉と別途の寝室、床は全面オーク材の仕上げという内容で、それなりの魅力も感じましたので応じることにしました。

結果は、予想をはるかに超えた大満足の出来上がりとなりました。

冬の起床時、外気温がマイナス10℃でも、暖房機器をまだつけていない状態で室内気温は常に13℃度以上あり、薪ストーブを一焚きすると22℃前後となり、セントラル・ヒーティング方式の暖房設備は設置してありますが、ほとんど利用しないで済んでいます。

リノベーションは、常時生活する部分、二十四坪程度のみの改修計画で、和室三部屋をワンフロアーにし、その内容は十二坪のリビングを中心に、寝室、キッチン、洗面所、浴室に納戸でした。

リノベーション後は、前述のように室内の暖かさは予想以上で、どの部屋も真冬にシャツ一枚のままで過ごせる快適生活に変じました。

しかし改造後も、玄関ホールに二階への吹き抜け階段があるため、暖房効果の減少が著しく、その解消策として、家族減少によりほとんど使用していない二階部分を撤去して平屋にすることにしました。

その工法は、二階を切り取り、屋根はツーバイフォーのトラスを載せて一気に切り替えることにより、屋根部分の工期はわずか三日間で完了しました。

平岡様も、平屋を二階にしたことはあるが、二階を平屋にしたことは初めてということで、居住したままの改修、雨天時の対応に心配りが大変だったとのこと。しかし、この工事による屋内への雨漏り被害は皆無でした。

また、一階部分の間取りや様式を、和式から洋式に変更した結果、アルミサッシュの掃き出しガラス戸から、アメリカのウェザーシールド社製のウッド・サッシュの大きな窓に替わり、厚いペアガラスが重厚さを出し、自然木材のパネリング張りは、北欧建築を思わせる部屋となり、玄関も二枚引戸から大きなスウェーデン製のドアに替わり、寝室やキッチンも北東の位置から南東向きとなる等、雰囲気が一変しました。

なお、内部床下は土間に防湿コンクリートを敷き、根太を入れ直した後、床用断熱材を敷き、その他、壁廻りから天井裏にも断熱材を敷き詰め、気密性を特段に高めていることや、アフター修理を考慮して調度品は全て一つのメーカーにする等、細かい配慮の工事内容になりました。

私のリノベーション実施後の感想は、計画する際に施工業者の説明をどの程度理解しているか、施工業者はどのような改造を描いているのか、発注者と施工業者の夢の相違点を洗い出しているか等、その内容が大切であり、経費はその結果考えることだと感じています。

今、リノベーションを考えている人は、定年退職後かその年齢前後の方々が多いと思いますので、車椅子や一人暮らしのことも念頭に置いて計画することが必要だと思います。
残された人生をより楽しく快適に過ごしたいとの思いは、誰しも願うことですが、より良い住環境で日々を過ごすことの喜びは、他に代え難いものです。

平成二十八年六月二十五日

栃木県日光市　小野義治

おわりに

欧米人は、休日を上手に使っています。

住まいのリフォームを自分の手で進める人も大勢おり、何人かのグループでお互いに手伝ったり助けられたりして、仲間でリフォームを手伝い、自分の家の時も手伝ってもらう集まりを知っています。

最初、仕事の進め方がわからない時は、プロの職人さんを頼み、皆で指導を受け、皆でわいわい騒ぎながら数を手掛けているうちに、皆が準プロ並みの仕事ができるようになるのです。

ペンキ塗り、クロス張り、カーペット張り、化粧板張り等も、自分達グループで楽しげに仕上げています。内装仕上げのデザイン等も、グループから意見がいろいろ飛び出し、互いに楽しく勉強になり、面白い結果になります。いろいろなアイデアは、オーナーとして様々なリフォーム作業の参考にもなります。

仲間同士、実益を兼ねた楽しい作業をしているうちに、リフォーム作業や進行をグループ以外の人達からアルバイトとして頼まれるようになることもあり、小遣い稼ぎになっているという話も聞きました。

もちろん、リノベーション等、主要な改修工事が伴う時は専門業者に頼みます。本体の改造工事、基礎工事、屋根工事、サッシュの取り付け、外部壁仕上げ工事、断熱工事、内装下地工事等は、足場や作業進行も考えて専門家に外注し、安全で手軽に自分達でできる工事だけを基本通りに施工します。

自分で作業しても、費用の点ではあまり変わりませんが、親しい仲間が増えて楽しいサークルができ、家族ぐるみの交流が生まれていきます。

内装下地作業を終えた時点で、壁に好きな絵を描いて楽しむこと等も息抜きになり、よく描けたので勿体ないからと、仕上げをしないで残しておく家もあります。何をやるにしても、皆でやることは楽しいものです。

人間以外の動物達も、住まいづくり（巣づくり）は、生涯の中で一番の大仕事であり、常にリニューアルをしています。

日本には現在八十兆円と言われる中古住宅の大資源があります。上手に活かす中古マイホームを、貴方の知恵と能力で築いてみるのも楽しいかも知れません。

第二次世界大戦後、日本国民は敗戦のどん底の生活から這い上がり、新しい民主国家として復活をとげ、私達の住生活も様変わりしてきました。アメリカからの援助もあり、多くは欧米型の住宅スタイルに変わっていきました。

昭和四十年頃からの住宅づくりは、日本の木造建築の技術を信頼し、従来の建築方法にアメリカ等から受ける住宅のあり方を知り、見様見真似で洋風化に向かっていきました。しかしそれは、写真やテレビで見る形だけの洋風化であり、実質的な基本的概念がなく、ただ見た目だけのことでした。

日本でできた、アルミサッシュにモルタル仕上げの住宅は、粗末なものでした。個人の意思の自由尊重から生活環境の改善を唱え、狭い個人部屋は旧来の家族が繋がった環境を破壊に導きながら、核家族化を進めていきました。家族間の交流は薄れ、各家庭の伝統的家族制度は崩壊、家庭内教育環境も失われ、画一的な社会構成となっていきました。

勤勉努力の精神も薄れ、現在は一年のうちの三分の一は休日となり、働くのは年間二百二十日余程度になっています。一日当たりの労働時間も短縮され、戦後の高度成長期の国民一人当たりの労働時間の半分ほどとなりました。政治家の集票精神は人気取りが主眼となり、国民一人当たりの生産性を後退させてでも、何かと休日づくりに心を砕いた結果、当然、一世帯当たりの年間収入は大きく減額となり、国民の活力は弱まっている現状です。

今の国が定める労働時間の制限は、働く者の自由と権利を奪い、人権を侵してはいないか。自由に働き、自分のための収入を得ることの権利と自由を奪うことは、人権を侵害し、憲法に反した行為ではないかと不審を感じます。

子供達の教育時間も削減され、学習内容が理解されないままに規定の教科を進め、子供達の自信をなくして無気力人間をつくっているのではないでしょうか。学力不足と勤労意欲の減退、労働時間の減少に、日本の将来は不安でいっぱいです。労働時間の減退の結果、労働者の所得は減り、そして所得の格差は広がりつつあります。

多くの人の大切な生涯に、捉え所がなくなっているような気がしてなりません。物を作ることや働くことは、真剣になればなるほど気が入り、楽しいものなのです。

仕事が楽しくできる人は、幸せな環境を掴んでいると言えます。怠け者の政治家に、良き国民の指導はできないのか、下手な胡麻すり政治で豊かな国は作れません。国民は、働く楽しさを堪能できる指導者を求めているのです。

自分を大切に生きましょう。人生は長いようで短いものです。この現世で生きる自分が、如何に自分のために納得のいく生涯を堪能し得られたか……。その大切な人生の半分は、我が家で過ごすのです。その大切な住まいを、如何に充実させるかは、自分の愛する者への愛情にも繋がります。

貴方の生涯を、充実したマイホームで豊かな生活を送ってください。

怠け者より

【協力・賛同会社】

株式会社　栗原（URL：http://www.kk-kurihara.com/）

ハウディー株式会社（URL：http://www2.howdy-inc.com）

著者プロフィール

平岡　一二（ひらおか かつじ）

1933年、群馬県出身。
本籍秋田県。
栃木県在住。
現在、建築設計・施工会社役員。

【既刊書】
『これから家を建てる人への提言』（文芸社ビジュアルアート、2009年）
『北辰一刀流　開眼』（文芸社、2011年）
『北辰一刀流　影の剣』（文芸社、2011年）
『北辰一刀流　木枯らしの剣』（文芸社、2013年）
『雄勝城物語』（文芸社、2013年）

リノベーション　100年使える住宅への提言

2016年11月15日　初版第1刷発行
2016年11月20日　初版第2刷発行

著　者　平岡 一二
発行者　瓜谷 綱延
発行所　株式会社文芸社
〒160-0022　東京都新宿区新宿1－10－1
電話　03-5369-3060（代表）
03-5369-2299（販売）

印刷所　株式会社フクイン

ISBN978-4-286-17625-3